Charlemagne Clétus TIEBREY

Les réfugiés

Charlemagne Clétus TIEBREY

Les réfugiés

Entre déni d'humanité et droit international humanitaire.Essai sur la conditionnalité des réfugiés ivoiriens

Dictus Publishing

Imprint

Cover image: www.ingimage.com

Publisher:
Dictus Publishing
is a trademark of
Dodo Books Indian Ocean Ltd. and OmniScriptum S.R.L publishing group

120 High Road, East Finchley, London, N2 9ED, United Kingdom
Str. Armeneasca 28/1, office 1, Chisinau MD-2012, Republic of Moldova, Europe
Managing Directors: Ieva Konstantinova, Victoria Ursu
info@omniscriptum.com

Printed at: see last page
ISBN: 978-620-8-86035-6

Charlemagne Clétus TIEBREY

LES REFUGIES

Entre déni d'humanité et droit international humanitaire.
Essai sur la conditionnalité des réfugiés ivoiriens
de 2011 à 2022

Dédicace

A VOUS,

KADJO ABATTO,
TIEBREY ERNEST,
ADOU N'GUESSAN PAUL,
AMANIE AKISSI JULIENNE,

NOS PARENTS DE SANG,

ET

AU REVEREND PERE TITO DADE,
AU REVEREND PERE OKROU SIMEON,
AU REVEREND PERE DIBY JEAN BERNARD,

ETERNEL REPOS ET FILIALE RECONNAISSANCE !

Remerciements

De tout mon être, je rends grâce au Seigneur pour tous ses bienfaits, particulièrement pour son assistance au plan de l'intelligence active, de la santé parfaite afin d'œuvrer jusqu'au terme de cette étude comme une contribution à la recherche du bien de l'humanité.

J'apprécie avec tant d'intérêts les contributions multiples des personnes sensibles à cette réflexion. Celle-ci n'aboutirait pas sans leur éclairage et finirait avec d'importantes difficultés dans le découragement et l'oubli. Je prends acte et je respecte intimement leur obligeance édifiante. Aux miens, je traduis, au travers de ces lignes, toute ma gratitude et mon remerciement en langue abidji[1] ¨Bia, Bia, Bia¨ C'est-à-dire ¨Merci, Merci, Merci !¨

En tout lieu, je témoigne mon respect à notre Père Evêque Jean Salomon LEZOUTIE du diocèse de Yopougon d'où je suis natif et prêtre. Grâce lui, j'ai pu poursuivre mes études pour répondre efficacement aux attentes du genre humain.

J'adresse mes sincères remerciements à tous mes confrères prêtres ivoiriens qui, depuis mon arrivée en Belgique, n'ont cessé de me soutenir moralement, spirituellement, matériellement, et de me prodiguer de sages conseils pour résister à la nostalgie du pays. A mon frère et ami ANOH Mathieu et à son épouse Clotilde, j'exprime ma reconnaissance pour leur accessibilité à me rendre service à tout moment.

Spécialement, mes remerciements sont orientés vers ces illustres personnes qui, progressivement et avec abnégation, m'ont soutenu durant cette période d'étude académique. De toute évidence, cela concerne quasiment le personnel de Domuni-Universitas. Une université dont la renommée traverse toutes les frontières étatiques. Merci notamment au Professeure Docteur Marie MONNET et aux autres dont le génie et la maîtrise de leur support ont éveillé mon désir d'étude scientifique et de l'enseignement.

J'adresse mes remerciements à mon directeur spirituel le Révérend Père Narcisse ETTIEN, à l'Union des Prêtres, Religieuses, Séminaristes et Aspirantes Abidji (UPRASA) et au presbyterium du diocèse de Yopougon. A tous ceux qui, depuis les années scolaires et académiques, ont apporté leur contribution pour me soutenir intellectuellement, humainement, spirituellement et financièrement.

Enfin, mes remerciements exceptionnels vont à l'endroit de mon père TIEBREY N'guessan Pierre et à ma mère N'guessan Yon Hélène, ainsi qu'au peuple chrétien du diocèse de Yopougon, à mes amis et à tous mes parents en Côte d'Ivoire pour leurs conseils et leur assistance éclairées.

---

[1] L'Abidji est une des langues de la Côte d'Ivoire, des originaires du département de Sikensi. Lequel département est située à 81 kilomètres de la capitale économique (Abidjan) et à 179 kilomètres de la capitale politique (Yamoussoukro).

Sigles et abréviations par ordre alphabétique

AFPTV : Agence France Presse Télévision
ATD : All Together in Dignity ou Agir Tous pour la Dignité
CEI : Commission Electorale Indépendante
CDVR : Commission Dialogue Vérité et Réconciliation
CNDA : Cour Nationale du Droit d'Asile
CICR : Comite International de la Croix Rouge
CPI : Cour Pénale Internationale
DIDH : Droit International des Droits de l'Homme
DIP : Droit International Public
DUDH : Déclaration Universelle des Droits de l'Homme
FIDH : La Fédération internationale pour les droits humains
IDMC : International Displacement Monitoring Centre
ICMPD : International Centre for Migration Policy Development et l'Organisation Internationale pour les Migrations
HCR : Haut-commissariat pour les Réfugiés
LIDHO : la Ligue ivoirienne des droits de l'homme
MACA : Maison d'Arrêt et de Correction d'Abidjan
MIDH : Mouvement ivoirien des droits humains
OFPRA : Office Français de Protection des Réfugiés et Apatrides
OGM : Organe Génétiquement Modifié
OIM : Organisation Internationale pour les Migrants
ONG-APDH : Action pour la Promotion des Droits de l'Homme
OMC : Organisation Mondiale du Commerce
OMS : Organisation Mondiale de la Santé
OTAN : Organisation du Traité de l'Atlantique Nord
OUA : Organisation de l'Unité Africaine
RDC : République Démocratique du Congo
TIC : Technologies de l'Information et de la Communication
UNHCR : Haut-commissariat des Nations-Unies pour les Réfugiés
UNESCO : Organisation des Nations-Unies pour l'Education la Science et la Culture

Du même auteur

- *Réconciliation nationale et action pastorale en contexte post-conflit. Cadre de référence pour une pastorale de communion fraternelle*, Chisinau, Croix du Salut, 2025, 125 p.

Avant-propos

Quel est l'homme des droits de l'homme ?

La pertinence de cette préoccupation en filigrane laisse apparaitre un scepticisme à l'égard de l'article 3 de la Déclaration Universelle des Droits de l'Homme. Celui-ci mentionne de tout évidence que : «*Tout individu a droit à la vie, à la liberté et à la sûreté de sa personne.*»[2] Son interprétation subtilement interdit de fait la peine de mort. Laquelle interprétation est davantage élucidée à l'article 5 en termes de : «*Nul ne sera soumis à la torture, ni à des peines ou traitement cruels, inhumains ou dégradants.*»[3] Cependant, les causes et les conditions existentielles des déplacés de force, ¨les réfugiés¨, ne semblent-elles pas être à l'encontre de cet idéal défini par l'ensemble des Nations-Unies ?

Pourquoi des persécutions ou des violations des droits humains comme la torture ? Dans un premier temps, nous précisons que l'ostracisme décrit comme un mal pernicieux constitue un facteur potentiel de conflit parfois armé. Le droit international humanitaire intervient tant bien que mal pour la protection des réfugiés. D'où la préoccupation de savoir l'importance de la Convention internationale relative au statut des réfugiés et les opportunités possibles.

Le rapport du réfugié et du droit international donne à penser que l'on peut à juste titre retenir que si dans la sphère du droit international, la protection des droits de l'homme tient une place prépondérante, alors les droits du réfugié ne sauraient être ignorés. En effet, depuis le 11 avril 1949, le droit international à pour sujet les Etats, les organisations internationales et les individus. C'est pourquoi, il devrait s'appesantir sur le sort du réfugié.

D'une part, de la Convention du 28 juillet 1951 relative au statut des réfugiés et ratifiée pour donner une contenance au concept de réfugié, il ressort deux éléments importants :

1. La situation sécuritaire du pays
2. Le risque imminent de persécution

D'autre part, cette Convention précise les droits de ceux qui sont contraint de migrer vers des territoires étrangers ainsi que les exigences juridiques de protection des Etats d'accueil telles que :

1. La demande d'asile
2. La garantie de protection

---

[2] NATIONS UNIES. La Déclaration universelle des droits de l'homme. Article 3 [en ligne]. Disponible sur : «https://www.un.org/fr/universal-declaration-human-rights/ ». [Consulté le 15 février 2024]

[3] NATIONS UNIES. La Déclaration universelle des droits de l'homme. Idem. Article 5

Toutefois, des insuffisances notables croisent le probable cadre juridique international de bonne gouvernance pour le respect des droits des réfugiés et s'entremêlent avec lui. C'est alors que l'espoir de tant de réfugiés s'évanouit dans le désespoir. Lequel désespoir, dans un second temps, s'ouvre à une étude herméneutique des péripéties des réfugiés.

Deux idées principales soutiennent cette déception.

Il y a d'une part celle qualifiée de désappointement des réfugiés et d'autre part celle qui exprime nettement l'illusion du bien-être. La première présente tant de défis des organisations en charge des réfugiés. Entre autres l'on peut citer : le Haut Commissariat des Nations Unies pour les Réfugiés (UNHCR), le HCR aux Etats-Unis, L'Office Français de Protection des Réfugiés et Apatrides (OFPRA) et La Convention de l'OUA (UA) régissant les aspects propres aux problèmes des réfugiés en Afrique adoptée le 10 septembre 1969

La deuxième montre le quotidien de la misère et la nostalgie des réfugiés. Parmi tant de déboires, nous retenons, la perte du patrimoine culturel, la standardisation de la société et les conflits identitaires permanents

Dans un deuxième temps, le contexte ivoirien vient illustrer pour de vrai l'expérience dans l'univers des réfugiés. En situation du nihilisme, les réfugiés ivoiriens offrent un éventail d'informatiques déconcertantes.

Dans le tourbillon des crises sociopolitiques ivoiriennes, un réseau de traque a été initié pour tourmenter l'esprit de plusieurs réfugiés. C'est ce que nous appelons la ¨chasse aux sorcières¨. Des emprisonnements arbitraires, servant parfois de monnaie d'échange ou pour prolonger l'exil des réfugiés, donnaient libre cours à une politique d'ethnicisme, de tribalisme et de régionalisme. Ceux-ci sont soutenus par la propagande politique du rattrapage ethnique et d'exclusion d'une part.

D'autres parts, dans la dynamique de la fracture sociale et des mouvements migratoires, l'insécurité, l'instabilité des résidences, les menaces d'expulsions, les contraintes pour des activités dégradantes, le déclin physique et moral des plus âgés ont miné la condition existentielle des réfugiés.

Par ailleurs, sans négliger ou perdre de vue les stratagèmes cyniques pour museler et asservir l'opposition politique, le pouvoir d'Abidjan a développé les mécanismes de justice expéditive obligeant d'autres personnes à rejoindre le camp des réfugiés. Autrement, ils appliqueraient les sentences de condamnations avec sursis ou par contumace.

Le troisième temps de notre approche holistique du réfugié comme paradigme de la gradualité du défi et enjeu du droit international humanitaire, s'inscrit dans un cadre de suggestion, de pragmatisme et d'objectivité. Il se particularise en deux grandes idées : d'une part nous retenons les défis du droit international humanitaire comme paradigme de l'épikie et d'autre part les enjeux des droits international et humanitaire comme espace de fraternité authentique et universelle.

D'abord, la première idée aborde la question du réfugié non pas dans un sens parcellaire, mais saisi le sujet du droit international humanitaire dans sa totalité. Elle l'appréhende dans ses dimensions : spirituelle, familiale, sociale, culturelle, émotionnelle, mentale, physique, etc. Dans cette perspective, la règle générale, indique ce qu'est équitable et digne du respect de la vie de chacun. C'est également le lieu où le droit international humanitaire vise essentiellement *la fidélité à l'excellence en humanité, par le triomphe de l'esprit sur la lettre,* comme l'indique Jean DESCLOS dans son œuvre intitulée : *L'épikie, d'hier à aujourd'hui.*

Cette partie met en avant les principes fondamentaux de l'autonomie du droit international humanitaire et dirige l'agir de l'agent. Ce dernier, sans jamais perdre de vue les valeurs sociales d'universalité, d'humanité, d'unité, de l'impartialité du volontariat, de la neutralité et de l'indépendance respectera le réfugié comme personne humaine à partir des fondements juridique, culturel, éthique et moral.

Ces précisions sont extrêmement importantes dans la mesure où des abus ont été opérés sur la dignité et l'intégrité de la personne du réfugié.

Après, une perspective plus optimiste de notre réflexion resitue la personne humaine comme le principe noétique du droit et non le contraire. Ce principe balaie la prédominance des codes et des narrations juridiques. La figure de l'enfant, de la femme, du vieillard, du malade, de l'homme devient emblématique. Ce principe noétique ne tolère en aucun moment la moindre inadéquation entre le droit international humanitaire et les droits de l'homme.

Ensuite, la seconde idée, enjeux des droits international et humanitaire comme espace de fraternité authentique et universelle, d'une part, repense un modèle pertinent et structurant des droits et la responsabilité humaine. Parmi les éléments retenus on cite l'engagement pour la recherche du sens et le cadre d'intégration de référence. D'autre part, elle projette une perspective d'une responsabilité prévisionnelle et écologique du droit international humanitaire. D'abord elle rappelle la responsabilité rétrospective du droit international humanitaire. C'est dire que chaque action posée est importante du fait qu'elle exige des explications. Ensuite, elle envisage la responsabilité prospective du droit international humanitaire. C'est dire que le droit international humanitaire devrait prévoir une évolution future : notamment limiter au mieux les effets des conflits armés.

Chapitre I. L'ostracisme social un mal pernicieux

Les crises multiples, parmi les plus pernicieuses telles que les violences tribales, raciales, régionales et de surcroit politiques, déstabilisent la cohésion sociale. Le désir de survie contraint des personnes à arpenter les routes de l'exil dans l'espoir d'une heureuse protection du droit international. Cependant, la réalité parfois offre un spectacle de désenchantement au point où le rapport du réfugié et du droit international se pose avec acuité. La perspective d'une réflexion sur les objectifs de la Convention internationale relative au statut des réfugiés et l'opportunité de ceux-ci s'impose.

I.1. Réfugié et droit international

L'évocation de la notion de droit international implique l'idée du droit international public (DIP) qui se constitue en termes d'un tronc commun servant à régir l'ensemble des spécificités du droit international de la mer et du droit international des droits de l'homme (DIDH) et autres. Si l'évidence a permis aux Etats d'être uniques sujets originels du droit international, leur formation en organisation internationales depuis 1815 a favorisé l'apparition de cet autre statut de sujet de droit. Aussi, l'individu prendra une position plus importante dans la sphère du droit international du fait de la protection des droits de l'Homme.

En effet, le 11 avril 1949, la Cour internationale de justice établit que : «*Les sujets de droit dans un système juridique ne sont pas nécessairement identiques quant à leur nature ou quant à l'étendue de leur droit et leur nature dépend des besoins de la communauté.*»[4] Ainsi dit, le droit international a pour sujet les Etats, les Organisations internationales et les individus. Dans le canevas de cette entreprise, il s'agit de tourner le regard vers la spécificité du droit international des droits de l'homme. Pourquoi le droit international devrait-il s'appesantir sur le sort du réfugié ?

I.1.1. La Convention du 28 juillet 1951

La Convention relative au statut des réfugiés est ratifiée par l'ensemble des cent quarante cinq (145) Etats parties, le 28 juillet 1951 à Genève. Ils élaborent une approche définitionnelle au concept de «*réfugié*» et par conséquent précisent les droits de ceux qui sont contraints de migrer vers des territoires étrangers, ainsi que les exigences juridiques de protection des Etats d'accueil.

Le droit international regroupe en son sein une multitude de droits parmi lesquels le droit des réfugiés. Ce dernier gère exclusivement les droits et la protection des réfugiés. Il serait peut-être absurde d'évoluer si une clarification n'est établie sur le

[4] CARREAU Dominique et MARRELLA Fabrizio, *Droit international*, Edition A. Pedone, Paris, 2012, p. 367.

rapport du droit international des droits de l'homme ou humanitaire et du droit particulier relatif aux réfugiés.[5] Pourquoi cette division ?

Si apparemment, pour certains chaque branche forme une unité indépendante. En revanche, d'autres conçoivent que toutes les unités constituent un seul mécanisme consistant capable de protéger les droits de chaque être humain en toute circonstance. Pour les adeptes de dernière approche, le droit international inclut seulement en son sein des normes spécifiques applicables uniquement en circonstances particulières.[6] C'est le cas par exemple de l'occupation militaire lors des conflits armés où intervient le droit international humanitaire, les questions liées aux droits des enfants avec la Convention relative aux droits de l'enfant, où des questions liées aux femmes avec la Convention sur l'élimination de toutes les formes de discrimination à l'égard des femmes (CEDAW), les questions liées aux réfugiés avec le droit des réfugiés, tout comme les questions liées aux prisonniers de guerre avec la Convention de Genève de 1949.

En ce qui concerne la situation des réfugiés, les circonstances sécuritaires et le risque de survie constituent les leitmotive de l'implication du droit international. Une analyse déductive de ces paramètres énoncés est donc nécessaire pour la suite de cette étude.

I.1.1.1. Situation sécuritaire du pays

La sécurité d'un pays est constitutive de la stabilité, de la cohésion sociale et de l'équilibre économique. De telle situation résulte de la mission régalienne de l'Etat, qui offre à chaque citoyen la possibilité d'une jouissance paisible du fruit de ses efforts quotidiens. Il appartient également à l'Etat, en vertu du Pacte international relatif aux droits économiques, sociaux et culturels de garantir le droit à la non-discrimination (Article 21§1) ; le droit à l'égalité entre les hommes et les femmes (Article 23) ; le droit au travail (Article 7) ; le droit de choisir et d'accepter un travail (Article 6) ; Le droit à des conditions de travail justes et favorables (Article 7)[7].

Dans son rôle encore, l'Etat se doit d'assurer la sécurité par le contrôle du territoire de la République, défendre des institutions et les intérêts du pays. Il se doit également de faire respecter les lois, maintenir la paix, l'ordre public, veiller à la protection des personnes et des biens. La situation sécuritaire du pays étant par ailleurs

[5] KOSKENNIEMI, Martti et LEINO, Paivi. «Fragmentation du droit international anxiétés et postmodernes». Revue de droit international Leiden. 2002. 15. n°3. p. 553-579. Disponible sur : «https://archive.wikiwix.com/cache/index2.php?url=https%3A%2F%2Fjournals.cambridge.org%2Farticle_S092 2156502000262#federation=archive.wikiwix.com&tab=url.» [Consulté le 10 avril 2023]

[6] YUN, Seira. «Briser les barrières imaginaires : les obligations des acteurs non étatiques armés en vertu du droit général des droits de l'homme - Le cas du Protocole facultatif à la Convention relative aux droits de l'enfant.»Journal d'études juridiques humanitaires internationales 2014. 5, n°. 1-2. p. 213-257. Disponible sur : «https://archive.wikiwix.com/cache/index2.php?url=http%3A%2F%2Fpapers.ssrn.com%2Fabstract%3D255682 5#federation=archive.wikiwix.com&tab=url.» [Consulté le 10 avril 2023]

[7] Nations Unies Pacte international relatif aux droits économiques, sociaux et culturels [en ligne]. 2023. Disponible sur «https://www.ohchr.org/fr/instruments-mechanisms/instruments/international-covenant-economic-social-and-cultural-rights». [Consulté le 28 mars 2023].

en partie soutenue par sa fonction économique, l'Etat se doit d'être plus vigilant. Laquelle vigilance selon Richard Musgrave[8] devrait s'accentuer sur les trois fonctions économiques de l'Etat à savoir la fonction d'allocation des ressources, la fonction de redistribution des revenus, et la fonction de stabilisation de la conjoncture.[9]

En matière de l'organisation, l'Etat utilise des stratégies pour s'orienter et gouverner. C'est l'exemple au plan juridique. L'Etat devrait se positionner en un catalyseur des pouvoirs d'autorité et de contrainte collective permettant à la nation d'exercer sur les individus dans le seul but de rechercher de manière éthique l'intérêt général mieux le bien public ou le bien commun.[10] Toutefois, quand la gestion de l'Etat est déniée de juste appréciation de valeurs commune, le risque de l'escalade de violence peut sembler pour certains un moyen de sortir de crise. Ainsi, dans la dynamique idéologique des visions opposées, le tissu social se déchire dans la persécution imminente.

I.1.1.2. Risque imminent de persécution

La plupart des réfugiés sont issus des «*pays en développement.*»[11] La gestion catastrophique du pouvoir, comme déjà avancée de façon succincte, suscite l'esprit de convoitise et des tentatives de reversement du régime politique. Les pays qui ont connu ou qui connaissent des situations de conflit armé, pour ne citer que la Syrie, l'Ukraine, la Côte d'Ivoire, le Rwanda, le Libéria, et autres, sont pour la plupart victime soit de mauvaise gouvernance soit de caporalisation du pouvoir d'Etat. Dans un environnement pareil, le conflit armé est de haute intensité. C'est-à-dire que tous les leviers sont susceptibles d'être actionnés pour faire face à une violence caractérisée de l'opposition. Laquelle persécute sans vergogne la population. A titre d'exemple selon HCR :

> *«84% des 22.5 millions de réfugiés identifiés se trouvent dans les pays en développement, voisins des pays en crise. Si on ne prend que le cas des Syriens, plus de 12 millions d'entre eux ont dû fuir le conflit*

---

[8] Richard Abel Musgrave est d'origine allemande. Il est né le 14 décembre 1910 et mort à Santa Cruz en Californie le 15 janvier 2007. Au terme de ses études universitaire à Munich, il part pour les Etats-Unis pour un renforcement de capacité à l'université de Rochester où il obtient son doctorat (PH.D) en sciences économiques en 1933. Son premier article publié remonte en 1939 dans le Quarterly Journal of Economics qui s'intitule «Voluntary Echange Theory of Public Finance» ce qui signifie : «Théorie de l'échange volontaire des finances publiques». Il deviendra plus tard le directeur de cette revue.

[9] VALLUY Jérôme, « Segment- Les trois fonctions économiques de l'Etat selon Richard Musgrave», dans Transformation des Etats démocratiques industrialisés TEDI [en ligne]. 2023. Disponible sur : «http://www.hnp.terra-hn-editions.org/TEDI/article130.html ». [Page consulté le 29 mars 2023]

[10] DAMIEN Christophe Dubois, La notion de l'Etat à l'ère du numérique [en ligne]. 2019. Disponible sur : «https://www.iesf.fr/offres/doc_inline_src/752/La-notion-detat-a-lere-du-numerique.pdf». [Consulté le 29 mars 2023]

[11] L'énoncé du terme pays en développement équivaut au pays du Sud. Il évoque l'ensemble des pays moins développé en matière économique par opposition aux pays développé ou pays du Nord. Cette expression vient pour se substituer au pays du tiers monde ou pays sous-développé, termes antérieure perçue comme incorrecte et péjoratif.

à l'intérieur des frontières ou dans les pays limitrophes, contre près d'un million qui a demandé l'asile dans les pays européens entre 2011 et mars 2017.»[12]

En effet, en situation de guerre, de violence, de persécution, des violations des droits de l'homme et des droits humains, le déguerpissement de son espace vital et de prédilection devient une nécessité. Des personnes indépendamment de leur volonté deviennent des réfugiés. Cela veut dire qu'ils ont traversé soit les frontières nationales pour trouver la protection, la sécurité dans un autre pays, soit qu'ils se sont déplacés à l'intérieur de leur propre pays. Tout compte fait, ce sont des personnes qui ont dû fuir leur village ou leur région pour d'autres territoires. La raison qui sous-tend la fuite forcée reste la violence dans toutes ses formes. A en croire aux informations du Haut-commissariat des Nations Unies pour les Réfugiés (UNHCR), les personnes déplacées sur toute l'étendue de la terre pour la seule année 2020 est scandaleux :

«82 millions de personnes ont été déplacées en 2020 sur la planète, selon le Haut-commissariat des Nations Unies pour les réfugiés. Jamais un tel exode n'avait été constaté. Seulement "250 000 réfugiés ont pu rentrer chez eux l'année dernière", *a indiqué vendredi 18 juin sur franceinfo Céline Schmitt, la porte-parole de l'agence onusienne.»*[13]

De telles informations révèlent la nécessité d'une organisation internationale capable d'apporter une assistance adéquate pour résoudre le déficit des acquits relatifs aux droits fondamentaux de l'homme.

I.1.2. Opportunité conventionnelle du réfugié

Il serait hasardeux de progresser dans cette étude, si préalablement une brève analyse typologique ne soit validée autour du mot réfugié.

Précision terminologique

Le terme «réfugié» souvent est amalgamé avec les concepts de migrant, immigré, émigré, déplacé, exilé, Apatride, demandeur d'asile, etc. Pourtant, au plan du droit international, le «réfugié» se défait de toutes ces terminologies et bénéficie d'une accréditation particulière dans l'ordre juridique. Sans entreprendre une étude approfondie de chacun de ces concepts, il s'avère toutefois nécessaire de clarifier en quoi, ils se défont les uns des autres pour mieux apprécier notre postulat de départ.

---

[12]Amnesty International. Ces personnes qui fuient les conflits et persécutions [en ligne]. 2017. Disponible sur : «https://www.amnesty.be/campagne/asile/prejuges/toutescesquestions». [Consulté le 29 mars 2023]

[13] Radio France. Guerres, violence, persécutions... En 2020, seulement "250 000 réfugiés ont pu rentrer chez eux, " regrette l'ONU [en ligne]. 2021. Disponible sur : «https://www.francetvinfo.fr/monde/europe/migrants/guerres-violences-persecutions-en-2020-seulement-250000refugies-ont-pu-rentrer-chez-eux-regrette-l-onu_4668559.html». [Consulté le 29 mars 2023]

Le sens différencié du vocable «réfugié» résulte de la Convention de 1951. Selon cette formation, le réfugié se définit comme toute personne qui :

> «*Craignant avec raison d'être persécutée du fait de sa race, de sa religion, de sa nationalité, de son appartenance à un groupe social ou de ses opinions politiques, se trouve hors du pays dont elle a la nationalité et qui ne peut ou, du fait de cette crainte, ne veut se réclamer de la protection de ce pays ; ou qui, si elle n'a pas de nationalité et se trouve hors du pays dans lequel elle avait sa résidence habituelle à la suite de tels évènements, ne peut ou, en raison de ladite crainte, ne veut y retourner* »[14]

En revanche, il n'existe pratiquement de définition juridiquement appréciée de l'expression «migrant». Par conséquent, selon une approche des nations Unies, ce concept désigne en général :

> *«Toute personne qui a résidé dans un pays étranger pendant plus d'une année, quelles que soient les causes, volontaires ou involontaires, du mouvement, et quels que soient les moyens, réguliers ou irréguliers, utilisés pour migrer.»*[15]

Selon une Convention approuvée par les Nations Unies relative au statut des apatrides, le 28 septembre 1954 et entrée en vigueur le 6 juin 1960, le terme apatride désigne la personne qu'aucun Etat ne considère comme son ressortissant par application de sa législation.[16]

En ce qui concerne l'émigré, il est envisagé simplement comme une personne qui a quitté son pays. En vertu de la Déclaration Universelle des Droits de l'Homme (DUDH) : «*Toute personne a le droit de circuler librement et de choisir sa résidence à l'intérieur d'un Etat – Toute personne a le droit de quitter tout pays, y compris le sien, et de revenir dans son pays.*»[17] Bien que ce droit soit validé par plusieurs Conventions internationales et nationales, l'émigré n'est lié à aucun droit d'entrer sur l'espace d'un Etat tiers, si ce n'est celui d'où il tient sa nationalité qui lui permet d'aller et de venir.

Quant au terme «exilé», le sens accordé par le dictionnaire Larousse est en rapport avec la situation qualifiée d'exil comme «*De quelqu'un qui est expulsé ou obligé de vivre hors de sa patrie.*»[18] Cette situation par ailleurs illustre sur la personne exilée les connotations à la fois politiques et humanistes que ce terme regorge depuis

---

[14] Article 1, A, 2 de la Convention internationale relative au statut des réfugiés signée à Genève le 28 juillet 1951.

[15] ONU Migration. Termes clés de la migration [en ligne]. 2023. Disponible sur : «https://www.iom.int/fr/termes-cles-de-la-migration ». [Consulte le 30 mars 2023]

[16] Idem.

[17] Nations Unies. Déclaration universelle des droits de l'homme du 10 décembre 1948. Article 13. §.1 et 2 [en ligne]. Disponible sur : «https://www.un.org/fr/universal-declaration-human-rights/». [Consulté le 30 mars 2023]

[18] LAROUSSE Le Petit. *Le Petit Larousse Illustré en couleurs*, Larousse, Paris, 2009, c.3, p. 398.

le 19ème siècle, mais qui ne cadre presque pas avec le migrant économique contre réfugié politique. Par ailleurs, il est évident que le droit général de l'individu à l'exil n'existe quasiment pas. Toutefois, comme pourrait bien illustrer la Docteur Marie Monnet[19], il est du devoir de l'Etat d'accueillir sans «droit réflexe» reconnu à l'individu. Ce devoir s'exerce dans des circonstances exceptionnelles. D'une part, elle met en lumière la situation du fugitif injustement poursuit évoqué par Jean Bodin[20] et d'autre part, des victimes d'une haine imméritée et non ceux qui ont commis quelques choses de nuisible à la société humaine tel que Hugo Grotius[21] appréhende.[22]

Dans d'autres circonstances, le terme de déplacé est utilisé pour désigner des individus forcés de fuir leur lieu de résidence habituel. Les causes du départ sont variées. Celles-ci peuvent être dues aux situations de violence de grande ampleur ; à des conflits armés, à des violations des droits de l'homme ou à des catastrophes naturelles provoquées par l'homme, etc. Parmi ses individus, certains ne traversent pas les frontières nationales, mais se déportent dans un autre environnement où ils sont qualifiés de «déplacés internes». Pour ceux qui quittent leur pays et qui s'installent dans un pays voisin, ils sont aussi qualifiés de réfugiés.[23]

Selon Amnesty International :

«Les demandeurs d'asile, sont des personnes qui ont quitté leur pays et demande d'être protégées de persécutions et de graves atteintes aux droits humains commises dans un autre pays mais qui n'ont pas

---

[19] MONNET Marie est d'origine française. Religieuse dominicaine de son état, elle est juriste, philosophe et théologienne. Jusqu'à cette année 2023, elle est vice-rectrice de Domuni-Universitas. Professeure, elle dirige les études et la recherche, ainsi que la délégation de l'université aux Nations-Unies. Elle détient les diplômés de doctorat en droit, Doctorat en théologie et un Certificat d'aptitude à la profession d'avocat.

[20] BODIN Jean est d'origine française. Né entre 1529-1530 à Angers, il est mort en 1596 à Laon. Il est de profession multidisciplinaire. En qualité de jurisconsulte, philosophe, théoricien politique et économiste, il a œuvré profondément dans le processus intellectuel de toute l'Europe au travers de ses approches économistes et surtout de ses principes de bonne gouvernance. Auteur de plusieurs œuvres, sa plus célèbre s'intitule *Les Six Livres de la République* inspiré de celle de Montesquieu *De l'esprit des lois.* Cf. TORTAJADA Ramon, «M. de Malestroit et la théorie quantitative de la monnaie». Revue économique. 1987, n°38, p. 853-875. Disponible sur : «http://agentier.free.fr/_media/article-reco-0035-2764-1987-num-38-4-409005.pdf». [Consulté le 31 mars 2023].

[21] GROTIUS Hugo est un Néerlandais. Il est né à Delft au Pays-Bas en 1583 et mort en 1645 à Rostock dans l'extrême Nord de l'Allemagne. Communément appelé Hugo de Groot ou Huig de Groot, il est un humaniste. De profession avocat, il dispose d'une compétence en théologie et assume la charge de diplomate. Il participe à l'insurrection contre Philippe II. En 1621, condamné à la prison perpétuelle, il s'évade en France où la plupart de ses œuvres sont rédigées. Exilé, il vit d'abord en tant que réfugié puis bénéficie d'une nomination d'ambassadeur en Suède dès 1634.

[22] MONNET Marie, *L'exile comme droit de l'individu*, Cour de droit international des réfugiés, Domuni-Universitas. 2022-2023.

[23] UNHCR. «Déracinés dans leur propre pays» : aperçu statistique sur le déplacement interne [en ligne]. 2021. Disponible sur : «https://www.unhcr.org/fr/news/stories/2021/3/60630e23a/deracines-propre-pays-apercu-statistique-deplacement-interne.html». [Consulté le 31 mars 2023]

encore été reconnues légalement comme des réfugiés et qui attendent qu'il soit statué sur demande d'asile.»[24]

En référence au droit universel des droits de l'homme, le droit d'asile est un droit humain. Pour cette raison tout le monde devrait bénéficier le privilège d'entrer dans n'importe quel pays et demander son droit d'asile.

La spécificité de chaque concept au travers de ces définitions est clarifiée. Certes, la liste n'est pas exhaustive quand l'on sait que des concepts comme débouté, dubliné, sans papier, expatrié, immigré sont parfois employés dans des conversations. Néanmoins, cette démarche, pour définir ces termes rassure qu'aucune confusion typologique ne pourrait entraver cette étude. Ainsi, il parait nécessaire d'analyser le mouvement des individus au-delà des frontières nationales.

I.1.2.1. Déplacement au-delà des frontières nationales

Au-delà de l'aspect conflictuel, le déplacement des individus est un fait et un droit naturel. Aucun espace de la surface de la terre pouvant permettre aux individus d'aller et de venir ne devrait faire l'objet de restriction. C'est cette capacité qu'a des individus de se rendre partout qui a constitué un aiguillon du droit international. C'est aussi sa matière de prédilection.

Déjà en 1780, lorsque Jérémy Bentham[25] véhiculait le concept de droit international, ce thème d'origine latine le *ius gentium* s'entendait aussi par droit des gens.[26] Dans la même vaine, Francisco de Vitoria et Hugo de Grotius concevaient et constituaient à partir du XVIIème siècle un espace d'apprentissage du droit de la nature et des gens. Ainsi de la formule : «*Quad naturalis ratio inter omnes gentes constituit, vocatur ius gentium*» c'est-à-dire «Ce que l'ordre naturel établit entre toutes les nations s'appelle le droit des gens», le terme latin de «*gentes*» sera substitué par F. Vitoria au concept latin de «*homines*».

C'est pour cette raison l'idée de «*ius gentium*» qui veut dire droit des gens va se traduire de façon évidente jusqu'à ce jour par le droit international.[27] S'il s'en suit que le droit international est vu comme droit des gens, et non comme une norme juridico-sociale pour freiner l'épanouissement et les dispositions naturelles des gens, il va sans dire qu'en circonstances exceptionnelles comme en temps de conflit armé les

---

[24] Amnesty International. Personnes réfugiées, demandeuses d'asiles et migrantes [en ligne]. 2023. Disponible sur : «https://www.amnesty.org/fr/what-we-do/refugees-asylum-seekers-and-migrants/ ». [Consulté le 31 mars 2023]

[25] Bentham Jérémy est d'origine anglaise, né 1748 à Londres et mort 1832. De nature radicaliste, sa compétence en philosophie du droit lui permet d'initier des idées qui ont fortement boosté le développement du conséquentialisme. De lui proviendra la notion de l'utilitarisme qui le qualifiera de père dans la mère ligne que John Stuart MILL.

[26] CHETAIL Vincent, *Migration de l'homme et souveraineté : Le droit international dans tous ses Etats*. Bruylant, Bruxelles, 2007, p.23.

[27] RIGAUX François (sous la dir), *La vie privée une liberté parmi les autres*, Maison Larcier, Bruxelles, 1992, p.194.

frontières[28]n'ont plus leur raison. La préoccupation deviendrait pertinente lorsque que la morale intervient dans la mise en œuvre du respect des frontières. Elle dénature la liberté individuelle qui dans ce sens parait une simple opinion sur laquelle le droit et la sociologie ne peuvent porter un jugement de vérité.

Le passage de l'au-delà des frontières ne sera plus simplement une question de droit des gens, mais de survie. Laquelle écarte toute disposition juridique pour ne viser que la vie et le bien-être. Evidemment, le bien-être passe avant toute chose. Dans le feu de l'action, le droit et la morale certes ne disparaissent pas, mais deviennent secondaires. La débandade où chacun se tire d'affaire comme il peut, désorganise l'ordre. C'est tout le sens du sauve qui peut. Dans des conditions pareilles, la possibilité d'établir l'ordre de l'intérieur, c'est-à-dire au niveau local est minime. Par conséquent, les actions les plus efficaces proviennent de l'extérieur. Un ordre dont les actions ont du sens humanitaire.

Dans la perspective d'une action capable de gérer les situations de grandes ampleurs, les Nations-Unies en ratifiant la Convention relative au statut des réfugiés en 1951 constituent un document juridique clé. Cette Convention et son Protocole de 1967, confirme le Haut-commissariat pour les Réfugiés (HCR) dans le rôle de «gardien». De cette législation, les Etats devraient favoriser une parfaite coopération avec cette institution pour veiller au respect et à la protection des droits des réfugiés.[29] Dans sont rôle de premier plan, le HCR :

> *«Soutient la mise en place et le renforcement des institutions nationales des droits de l'homme dans toutes les régions du monde. Il les aide à mettre en œuvre leurs vastes mandats en vue de promouvoir et protéger les droits de l'homme.»*[30]

La demande et l'octroi du droit d'asile constituent un des aspects des tâches dévolues à UNHCR.

---

[28] «La fragmentation de l'espace politique a été désignée par de nombreux néologismes dont l'utilisation peut se révéler plus ou moins neutre (balkanisation, libanisation, scission, sécession, partition). Ces néologismes sont-ils pertinents ? L'analyse des logiques à l'œuvre est complexe. En ce qui concerne les États, de multiples fragmentations territoriales sont le fruit combiné de la généralisation progressive du modèle d'Etat-nation et de la diffusion du « droit des peuples à disposer d'eux-mêmes », hérité de l'idéalisme wilsonien. Cet idéal s'accompagnait d'une aspiration collective : la possession et le contrôle du territoire national qui devenait le garant de la sécurité et de la prospérité de la nation.» ROSIERE Stéphane et CATARUZZA Amaël «Fragmentation – Balkanisation. L'espace Politique, 2010, n°11 [en ligne]. Disponible sur : «https://journals.openedition.org/espacepolitique/1310». [Consulté le 01 avril 2023]

[29] UNHCR. La Convention de 1951 relative au statut des réfugiés [en ligne]. 2023. Disponible sur : «https://www.unhcr.org/fr/convention-1951-relative-statut-refugies.html#:~:text=La%20Convention%20de%201951%20relative%20au%20statut%20des%20r%C3%A9fugi%C3%A9s%2C%20un,%C3%89tats%20pour%20assurer%20leur%20protection». [Consulté le 02 avril 2023]

[30] Nations Unies, HCDH et les institutions nationales des droits de l'homme [en ligne]. 2023. Disponible sur : «https://www.ohchr.org/fr/countries/nhri#:~:text=Notre%20action-,Le%20Haut%2DCommissariat%20des%20Nations%20Unies%20aux%20droits%20de%20l,les%20droits%20de%20l'homme ». [Consulté le 01 avril 2023]

I.1.2.2. La demande d'asile

En temps de paix, vivre dans son propre environnement en déficit économique parait compliqué. La dignité humaine semble se froisser face à un ensemble de stratégies de conquête du bien-être. En contexte de réfugié, la condition peut s'avérer catastrophique, si la possibilité de demande d'asile ne se révèle pas positive. Certes, le réfugié est dûment différent du demandeur d'asile et il ne faudrait pas les confondre. Ce dernier est une personne qui demande protection internationale d'un autre pays.

Toutefois, conformément à la Convention et au Protocole relatifs au statut des réfugiés, il est stipulé que les autorités visées devraient délivrer aux réfugiés des documents ou certificats – lesquels documents ou certificats remplaceraient les actes officiels délivrés à des étrangers par leurs autorités et feraient foi jusqu'à preuve du contraire.[31] Dans le paysage juridique européen, cette disposition pourrait aussi donner droit à la dénomination de demande d'asile. En effet, déterminé que :

> «*Toute personne qui fuit la guerre et les persécutions dans son pays a le* ***droit d'introduire une demande de protection internationale.*** *Le droit d'asile est un droit fondamental. Octroyer l'asile aux personnes qui remplissent les critères de la convention de Genève de 1951 relative au statut des réfugiés est une obligation en vertu du droit international pour les États parties, qui comprennent les États membres de l'Union européenne.*»[32]

Dans le même ordre d'idée, l'Article 19 de la Charte des droits fondamentaux de l'Union Européenne précise qu'il est : «*interdit les expulsions collectives et dispose que nul ne peut être éloigné, expulsé ou extradé vers un Etat où il existe un risque sérieux qu'il soit soumis à la peine de mort, à la torture ou à d'autre peines ou traitements inhumains ou dégradants*»[33]

La demande d'asile permet aux personnes, la reconnaissance de la qualité de réfugié ou de bénéficier de la protection subsidiaire. En France par exemple, celle-ci, accorde le droit de se maintenir provisoirement sur le territoire dans l'attente d'une

[31] Convention et Protocole relatifs au statut des réfugiés. Article 25. Aide administrative §. 2 et 3 [en ligne]. 2022. Disponible sur : «https://www.unhcr.org/fr/about-us/background/4b14f4a62/convention-protocole-relatifs-statut-refugies.html». [Consulté le 3 avril 2023]

[32] La Charte des droits fondamentaux de l'Union Européenne. Article 18.

[33] Démocratie et droit de l'homme dans l'Union Européenne. Garantir le droit d'asile [en ligne]. Disponible sur : « https://www.europarl.europa.eu/about-parliament/fr/democracy-and-human-rights/fundamental-rights-in-the-eu/guaranteeing-the-right-to-asylum#:~:text=Octroyer%20l'asile%20aux%20personnes,membres%20de%20l'Union%20europ%C3%A9enne » .[Consulté le 3 avril 2023]

décision de l'Office Français de Protection des réfugiés et Apatrides (OFPRA) ou de la Cour Nationale du Droit d'Asile (CNDA)[34] dans le cadre de la demande de protection.

I.1.2.3. La garantie de protection

Tout réfugié est en état de vulnérabilité. Etat qui résulte de l'abandon de ses privilèges malgré lui, pour fuir la persécution des dirigeants de sa nation ou la guerre. S'il s'avère qu'ils sont rejetés par d'autres nations, la situation peut se révéler catastrophique. Dans certaines circonstances, ils peuvent être victimes de condamnation à des peines insoutenables, ou soumis à des traitements inhumains, leur vie voire leur sécurité peut être en péril.

Etrangers aussi dans les Etats d'accueil, ils vivent parfois dans des conditions inhumaines en raison de leur statut. Les filles et les femmes en l'occurrence sont confrontées à des défis tentant à bafouer leur dignité de femme par la violation des droits de l'homme fondée sur leur état de réfugiées, comme sur leur sexe.

La garantie de protection des réfugiés dérive du droit international des droits de l'homme. Cette protection est caractérisée par une multitude de régimes spécifiques capable de défendre les ayants droits. Néanmoins, force est de savoir que l'action des droits de l'homme sur le champ mondial est bien plus récent que le droit international qui se préoccupait longtemps des réfugiés.

Ce qui semble paradoxal, c'est que les régimes de protection initiés par le droit international proviennent des droits de l'homme. Les droits de l'homme également, s'il était possible de l'envisager, seraient à la base de l'interférence des droits particuliers des réfugiés et le droit commun des droits de l'homme.

Dans la progression efficiente de cette analyse, il serait impérieux de mettre en lumière, l'héritage historique ¨les plus douloureux¨ de certains moments de la vie. De tout temps s'est déroulé les conflits de frontières, le fanatisme religieux, les guerres civiles ou des guerres de libérations, les régimes dictatoriaux. Longtemps l'ampleur des exodes de réfugiés ont secoué toutes les régions. Depuis l'antiquité jusqu'au temps de la guerre mondiale. La mondialisation du phénomène des réfugiés devient presque banale. La recrudescence de ces foyers névralgiques suscite un flux migratoire incontrôlable.

La représentation du tableau ci-dessous illustre quelques situations de réfugiés dans l'histoire du monde et évoque l'importance de la garantie de la protection. Le

---

[34] La Cour Nationale du Droit d'Asile (CNDA) : «*Compétente pour connaître des décisions relatives aux demandes d'asile, est une juridiction administrative spécialisée statuant en premier et dernier ressort sur les recours formés contre les décisions de l'Office français de protection des réfugiés et apatrides (OFPRA)*.» Cf. Cour National du Droit d'Asile. Compétence de la CNDA [en ligne]. Disponible sur : «http://www.cnda.fr/La-CNDA/Competences-de-la-CNDA#:~:text=La%20Cour%20nationale%20du%20droit,r%C3%A9fugi%C3%A9s%20et%20apatrides%20(OFPR)» . [Consulté le 01 avril 2023]

découpage des périodes tient peu d'importance dans cette analyse vu que chaque science a son approche de datation.[35]

Périodes	Dates	Groupes ou personnages	Evénements
L'Antiquité	3000 -2500 av. J.-C	Moïse Exode 2, 11-22 "Egypte"[36]	Moïse fuit le Pharaon : «*Puisque je suis devenu un réfugié dans un pays étranger, je lui donne le nom de Guerchom* »
Le Moyen Age	De l'an 1 à la fin de l'Empire romaine en 479 et à la découverte de l'Amérique en 1492	Jésus, Marie et Joseph. Plus tard Mahomet	La Sainte famille fuit le Roi Hérode. Mahomet fuit la ville de la Mecque parce que *reconnu personae non gratae* pour les autorités politique dominées par les polythéistes pour rejoindre de Médine
L'époque Moderne	De la fin du moyen Âge à la Révolution française 1492 à 1792	GROTIUS Hugo (1583-1645) est un Néerlandais, Pays-Bas.	Il participe à l'insurrection contre Philippe II. En 1621, condamné à la prison perpétuelle, il s'évade en France où la plupart de ses œuvres sont rédigées. Exilé, il vit d'abord en tant que réfugié puis bénéficie d'une nomination d'ambassadeur en Suède dès 1634.
L'époque Contemporaine	De 1792 à aujourd'hui	Population européenne	La 1ère et la 2ème guerre mondiale ont entrainé des mouvements de populations contraints d'une ampleur sans précédant de douze millions de réfugiés entre 1914-1918 et soixante millions de personnes entre 1939-1945.[37]

[35] PIGUET Martine. Découverte : question réponse [en ligne]. 2008. Disponible sur : «https://www.rts.ch/decouverte/monde-et-societe/histoire/4644356-quelles-sont-les-4-grandes-periodes-de-lhistoire-quand-commencent-et-se-terminentelles-et-avec-quoi.html#:~:text=Les%204%20grandes%20p%C3%A9riodes%20de%20l'histoire%20sont%3A%20l',moderne%2C%20l'%C3%A9poque%20contemporaine». [Consulté le 03 avril 2023]

[36] Dans la perspective d'une réflexion scripturaire, l'Egypte serait déjà perçue à partir du terme Hébreu Mitzraïm, mot qui signifie «La maison de servitude (BENADIBA , Moïse. «Moise et la migration dans la tradition». Cirn.info Matière à réflexion. 2011, 177-190. Disponible sur : «https://www.cairn.info/clinique-de-la-deshumanisation--9782749214535-page-177.htm ». [Consulté le 3 avril 2023])» ou de «l'angoisse» encore «la frontière» même «la limite». De cette signification, le sens pourrait se faire sentir par «Jamais un esclave n'a pu s'enfuir d'Egypte». L'Egypte devient pour ainsi dire le pays de l'oppression, un lieu où ce qui domine est la surveillance des frontières, les limites. La discrimination comme l'exclusion et les inégalités deviennent la caractéristique de l'Egypte.

[37] COCHET François, PORTE Rémy (sous la dir), Dictionnaire de la Grande Guerre 1914-1918. Article Population déplacées, p. 381 à 385, Encyclopedia Universalis, 2005.

De cette présentation la nécessité de la protection des droits de réfugiés peut paraitre paradoxale. N'est-elle pas aussi perceptible de constater que, les droits des réfugiés promeuvent la souveraineté des Etats ? Absolument, il existe une parfaite interdépendance entre la souveraineté des Etats, les libertés fondamentales et la protection des droits de l'homme. En effet, la garantie de la protection des réfugiés dépend incontestablement du pays d'accueil. Une recommandation est faite à chaque Etat de promouvoir les droits de l'homme par le biais de sa législation. Ainsi pourrait-on lire que la Convention relative au statut des réfugiés exprime : «*Le vœu que tous les Etats, reconnaissant le caractère social et humanitaire du problème des réfugiés, fassent tout ce qui est en leur pouvoir pour éviter que ce problème ne devienne une cause de tension entre Etat,*»[38]

En revanche, suffit-il des dispositions basiques de la Convention relative au statut des droits des réfugiés pour garantir leur protection ? Existe-t-il fondamentalement des normes qui garantissent la souveraineté des Etats ? Les questions migratoires situées en avant ne compromettent pas la souveraineté des Etats ? En réalité aucune disposition juridique internationale ne recommande aux Etas de réguler leurs flux de réfugiés. Pire, les dispositions définies exigent le respect du principe de non-refoulement.[39]

Dès lors ce qui semble probable, c'est que le cadre juridique international met seulement en exergue une formule de bonne gouvernance dans le respect des droits des réfugiés et la conviction que les Etats peuvent assurer l'arrivée des vagues migratoires. A l'analyse critique des textes de ladite Convention, des insuffisances notables laissent entrevoir que l'espoir d'une vie sans risque n'est pas toujours du côté des réfugiés.

---

[38] UNHCR. Convention et Protocole relative au statut des réfugiés, Préambule. §. 5 [en ligne]. 2022. [Consulté le 04 avril 2023]

[39] Le non-refoulement se définit comme un «Principe du droit international relatif aux réfugiés, qui stipile qu'aucun Etat ne refoulera, de quelque manière que ce soit, un réfugié vers un pays où sa vie ou sa liberté peut être menacée.» Cf. PERRUCHOUD Richard (réd). Droit international de la migration n° 9. Glossaire de la migration[en ligne]. 2007. Disponible sur : «https://publications.iom.int/system/files/pdf/iml_9_fr.pdf.» [Consulté le 04 avril 2023]

I.2. Le désappointement des réfugiés

Les cas de déceptions des réfugiés sont apparemment légions, comme résonnent de façon continue l'exaspération de tant de pays d'accueil. Cet aperçu ouvre la perspective selon laquelle, nonobstant les normes de la Convention et Protocole relative au statut des réfugiés, sa mise en œuvre n'est pas toujours évidente. Les causes plausibles des complications aurait de provenances diverses. De façon critique et positive, il serait nécessaire d'examiner parmi tant de causes, d'une part les défis des organismes en charge des réfugiés et d'autre part, déceler la dynamique intérieure des relations ¨sentimentalisées¨[40] des intéressés en terre étrangère.

I.2.1. Les défis des organisations en charge des réfugiés

Le principe fondamental qui détermine les organisations en charge des réfugiés s'appuie sur une politique de migrations ordonnées et respectueuses de la dignité humaine au profit des migrants et de la société.[41] Dans une perspective de bonne gouvernance, l'action de l'OIM s'inscrit dans la dynamique de partenariat avec les communautés internationales pour accompagner et dominer les défis réels de la migration. Vu sur cet angle, la situation déjà ne semble pas reluisante pour certains voire la quasi-totalité des pays. En effet, l'organisation se doit de favoriser la compréhension des questions migratoires, encourager le développement économique et social par la migration et de surcroit préserver la dignité humaine et le bien-être des migrants.[42]

Nous avons donc besoin d'une vision plus globale c'est-à-dire au regard du droit international, régional ou national de la condition des réfugiés dans leur complexité, avec une attention poussée à bout pour la qualité des services des OIM. Cette vision globale, nous permettra de réinterpréter plus dynamiquement le paradigme de l'épikie comme l'intelligence de l'application des lois.

I.2.1.1. Le Haut Commissariat des Nations Unies pour les Réfugiés (UNHCR)

L'UNHCR est une organisation à caractère international ayant une d'approche statutaire des questions de réfugié. La seule désignation de réfugié implique : *«La procédure légale ou administrative par laquelle les gouvernements ou le HCR déterminent si une personne sollicitant une protection internationale est*

---

[40] Ce concept de ¨sentimentalisé¨ ce veut être dans cette analyse, cette dynamique qui se manifeste comme une ambiguïté. Bien qu'il soit important dans la sphère de la psychanalyse, ici il est précisément ce caractère habituel de réciprocité qui est la source de conflit et d'agressivité au sein de la relation humaine, là où l'on croit à tort que le vécu osmotique de réciprocité implique l'absence de violence.

[41] Dialogue international sur la migration. Renforcer la coopération internationale en matière migratoire et la gouvernance des migrations en vue de l'adoption d'un pacte mondial pour des migrations sures, ordonnées et régulières en 2018 [en ligne]. 2017. Disponible sur : https://refugeesmigrants.un.org/sites/default/files/iom_idm_2017_french_14nov2017.pdf. [Consulté le 05 avril 2023]

[42] Idem.

réfugiée au regard du droit international, régional ou national.»[43] Procédure par laquelle l'institution internationale se projette en avant en vue de se construire des stratégies de prévention, de protection et trouver des solutions adaptées aux circonstances de lieu et de besoin pour les sujets de droit international. A priori sous cet angle, il est indéniable qu'il existe de réelles difficultés comme l'inévitable réticence de certains gouvernements subjugués par le flot ahurissant des réfugiés.

Parmi les exemples inédits, pathétiques et préoccupants qui pourraient être mis en avant, figure les contextes de la République démocratique du Congo (RDC) et de la Grande-Bretagne.

Le déplacement massif des réfugiés et particulièrement la création de couloir humanitaire n'est pas toujours fondamentalement une opération salutaire des pays d'accueil. Des politiques subversives initient parfois des opérations de pillages et de déstabilisation de ces pays. C'est le cas typique de la République démocratique du Congo (RDC). En 1994, le Conseil de sécurité des Nations unies impose un couloir humanitaire à la RDC durant le génocide du Rwanda. Cette décision ayant pour but de susciter la paix, favorise le déplacement d'une partie de la population (Tutsi) victime des massacres. Cette opération dénommée la turquoise[44] est pilotée par l'armée Française.

En revanche, après la paix, aucune opération de retour de cette population à son lieu d'origine n'a été organisée par le Conseil de sécurité des Nations unies. De 1994 à 2022, rien n'est fait dans ce sens et la conséquence, c'est la montée de la violence de ces réfugiés sur la population paisible de la République démocratique du Congo. Où était UNHCR dans cette zone sinistrée ? Le pillage des ressources naturelles est devenu pour cette frange de la population Rwandaise, une véritable source de revenus avec la complicité de certaines structures internationales et puissances étrangères.

Présentement, les conflits armés dans la RDC a un nom : c'est la guerre des puissances invisibles. Fort de cette situation, l'on pourrait se demander à quoi jouent et servent les Nations unies et leur supplétif HCR? Parfois, les déstabilisations des pays en développement et la politique en faveur des réfugiés ne constituent-t-elles pas des subterfuges pour des systèmes mafieux ?[45] Les images ci-dessous illustrent l'absence de la paix et de l'unité dans le monde et par conséquent l'inexistence véritable de l'Organisation des Nations unies (ONU).

[43] UNHCR. Détermination du statut de réfugié [en ligne].2022. Disponible sur : « https://www.unhcr.org/fr/determination-du-statut-de-refugie.html#:~:text=Orientations%20du%20HCR%20%C3%A0%20l'intention%20des%20pays&text=Ces%20documents%20offrent%20une%20interpr%C3%A9tation,conditions%20sociales%2C%20%C3%A9conomiques%20et%20humanitaires.» [Consulté le 05 avril 2023]

[44] Résolution 929, ONU du Conseil de sécurité.

[45] Selon le dictionnaire Le Petit Larousse : La *mafia* est une organisation criminelle dont les activités sont soumises à une direction collégiale occulte et qui repose sur une stratégie d'infiltration dans la société civile et des institutions. On parle également de *système mafieux*.

 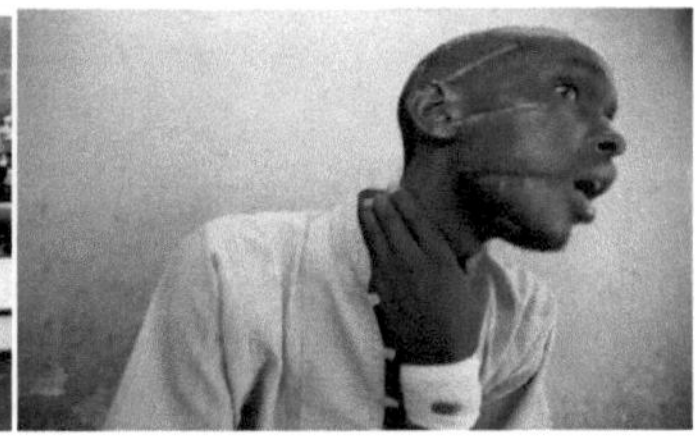

Photos des déplacés et du massacre[46]

Par ailleurs, le regard porté vers l'accord de la Grande-Bretagne avec le Rwanda sur les réfugiés, montre un peu qu'il existe encore des failles dans la politique d'UNHCR. Même si cet accord est controversé du point de vue du droit international et de la Cour européenne des droits de l'homme, de la réaction de l'opinion populaire internationale, n'empêche que malgré l'arrêt de Strasbourg, une Cour d'appel britannique a rejeté la demande d'empêchement en urgence, permettant au gouvernement britannique déterminé de poursuive son plan.[47] Quelque soit les situations économiques, politique, sécuritaire des pays, la masse migratoire des réfugiés constitue «une catastrophe» à la fois écologique, politique, économique, environnemental, démographique, etc.

Comment traiter cas par cas le dossier de chaque sujet sans faillir à l'esprit humanitaire semble un enjeu surréaliste. Outre cette complication, la situation des personnes âgées parfois porteuses de pathologies lourdes telles que la maladie de Parkinson, la sclérose en plaques, sclérose latérale amyotrophique. La situation des malades ayant des séquelles motrices étendues d'origine encéphalique ou médullaire, interroge à un degré important. A ce niveau les exemples les plus évidentes sont l'infirmité motrice cérébrale "Cerebral Palsy", hémiplégie, spina bifida, syndrome cérébelleux, etc.

Partant de cette parenthèse, d'autres préoccupations importantes surgissent. En effet, s'il est vérifiable que UNHCR engrange parfois des complications diverses, qu'en est-il pour ses comités installés au niveau sous régional et national ? Seront-ils à la hauteur de l'attente des réfugiés. Auront-ils une saine collaboration avec les gouvernements ou les régimes autoritaires réfractaires des droits internationaux ? En un mot, seront-ils à l'abri de diverses difficultés ?

---

46 LEPIDI, Pierre et SMOLAR, Piotr. «Avant le génocide des Tutsi au Rwanda, la France a reçu des alertes claires et régulières» [en ligne]. Le Monde, 2021. «https://www.lemonde.fr/afrique/article/2021/01/16/genocide-des-tutsi-pour-paris-des-alertes-claires-et-regulieres_6066497_3212.html.» [Consulté le 05 avril 2023]

47 KRAMPE Kirsten. L'accord de la Grande-Bretagne avec le Rwanda sur les réfugié·e·s : « un précédent désastreux » [en ligne].2022. Disponible sur : «https://sn.boell.org/fr/2022/09/19/laccord-de-la-grande-bretagne-avec-le-rwanda-sur-les-refugiees-un-precedent-desastreux.» [Consulté le 06 avril 2023]

I.2.1.2. Le HCR aux Etats-Unis

Le passé américain en matière d'immigration est plein de souvenirs pour la plupart douloureux. D'abord terre d'immigration et plus tard perçu comme l'eldorado pour les réfugiés, le rêve américain pour soulager la peine des mal-aimés s'est soldé par une Conférence à l'échelle internationale. La Conférence d'Evian (France) tenue en 1938, à l'initiative du Président des Etats-Unis, Franklin Delano Roosevelt, donnait les premiers sons de cloche pour venir en aide aux réfugiés juifs allemands et autrichiens victimes du nazisme. Toutefois, entre le vouloir et le faire le fossé est abyssal. La conscience du peuple américain sera noircie du fait que :

> « *Au printemps 1939, le paquebot Saint Louis quitte Hambourg pour rejoindre les Etats-Unis avec neuf cent trente sept (937) passagers, en grande majorité des juif allemands ; seuls 29 sont admis : les neuf cent sept (907) restants font le trajet retour, dont deux cent cinquante quatre (254) qui mourront dans des camps de concentration nazis.»*[48]

Ce fait triste et désabusant dans l'histoire du monde n'en est pas un. Récemment en 2017, juste après son élection, et son installation, le nouveau locataire de la maison blanche décrète la mesure visant à limiter l'immigration pour les personnes d'obédience islamique. De ce décret, il interdit l'entrée des réfugiés syriens au Etats-Unis.[49]

A partir de ces informations, il en découle que HCR aux Etats-Unis joue un rôle non pas de ¨leader¨ et de spécialiste en matière de protection des réfugiés conformément à la Convention et au Protocole relatifs aux statuts des réfugiés qui précise que :

> *«De par son Statut, le Haut Commissariat pour les réfugiés est chargé en particulier de promouvoir les accords internationaux pour la protection des réfugiés et d'en surveiller l'application. Aux termes de la Convention et du Protocole, les Etats contractants s'engagent à coopérer avec le Haut Commissariat des Nations Unies pour les réfugiés dans l'exercice de ses fonctions et en particulier à faciliter sa tâche de surveillance de l'application des dispositions de ces instruments.»*[50]

---

[48] VINOGRADOFF Luc, «Il y a 75 ans, les Etats-Unis renvoyaient 254 migrants vers la mort dans les camps nazis.» Lemonde. 2017. Disponible sur : «https://www.lemonde.fr/big-browser/article/2017/01/31/il-y-a-75-ans-les-etats-unis-renvoyaient-254-migrants-vers-la-mort-dans-les-camps-nazis_5072398_4832693.html.» [Consulté le 06 avril 2023]

[49] «Donald Trump durcit la politique d'immigration pour stopper les «terroristes islamiques». Lemonde. 2017. Disponible sur : «https://archive.wikiwix.com/cache/index2.php?url=https%3A%2F%2Fwww.lemonde.fr%2Fdonald-trump%2Farticle%2F2017%2F01%2F28%2Fdonald-trump-durcit-la-politique-d-immigration-pour-stopper-les-terroristes-islamiques_5070438_4853715.html#federation=archive.wikiwix.com&tab=url.» [Consulté le 06 avril 2023]

[50] UNHCR. Convention et Protocole relatifs au Statut des Réfugiés. Note introductive. §. 10. Ibid.

La mention, *«le Haut Commissariat pour les réfugiés est chargé en particulier de promouvoir les accords internationaux pour la protection des réfugiés et d'en surveiller l'application...»* illustre le leadership de l'UNHCR dans la collaboration parfaite avec les Etats membres de ladite Convention et de son Protocole. Cependant, si dans les autres Etats, UNHCR joue un rôle de premier plan de protection des réfugiés et de surveillance de l'application de la Convention, son action aux Etats-Unis semble bien plus secondaire.

En effet, bien que USA soit partie prenant du Protocole de 1967, il revient au gouvernement américain l'insigne honneur de la responsabilité du traitement des demandes d'asile et de décider de qui est apte d'acquérir la protection légale. De plus les demandeurs d'asile sont liés aux lois nationales et aux procédures locales d'asiles. De ce fait, HCR aux Etats-Unis n'enregistre pas les réfugiés, n'examine pas les demandes et pour finir ne délivre pas de document concernant le statut légale de réfugié. Son rôle consiste uniquement a travailler avec le gouvernement, les réseaux de volontaires, les Organisations non gouvernementales (ONG), et les communautés dans le seul but de veiller sur la protection et des demandes d'asiles. De cette relation directe avec le gouvernement, HCR aux Etats-Unis ne peut qu'être confronté en permanence dans un conflit d'intérêt et par conséquence s'affaiblir.

En termes d'illustration d'impuissance de cette structure onusienne, Erika Guevara-Rosas, directrice du programme Amériques d'Amnesty International révèle qu'une campagne délibérée de violations généralisées des droits humains est menée aux Etats-Unis dans le simple but de punir et de dissuader les personnes qui cherchent une protection à la frontière entre les Etats-Unis et la Mexique. Les méthodes cruelles utilisées consistent aux renvois forcés illégaux en masse des demandeurs d'asiles, des milliers de séparations illégales de famille ainsi qu'un accroissement du recours à la détention arbitraire et illimitée des demandeurs d'asile, parfois sans possibilité de libération conditionnelle.[51] Autant d'exemples des droits fondamentaux de l'homme et surtout des réfugiés sont bafoués sur le sol américain. Le pays de l'Oncle Sam profitant de sa puissance multisectorielle et surtout militaire jouit du privilège de l'impunité que lui ¨accordent¨ les nations faibles. Ainsi donc, que vaut UNHCR aux Etats-Unis est une préoccupation légitime.

I.2.1.3. L'office Français de Protection des Réfugiés et Apatrides (OFPRA)

La France est un Etat membre de la Convention de Genève du 28 juillet 1951 relative au statut des réfugiés. Depuis le 25 novembre 2010, l'Office Français de Protection des Réfugiés et Apatrides (OFPRA) constitué en service public placé sous la houlette du ministère de l'intérieur, se charge d'assurer l'application des textes

[51] Amnesty international. «États-Unis. Vous n'avez aucun droit ici.» Renvois forcés illégaux, détention arbitraire et mauvais traitements infligés aux demandeurs d'asile aux États-Unis»[en ligne].2023. Disponible sur : «https://www.amnesty.org/fr/latest/press-release/2018/10/usa-treatment-of-asylum-seekers-southern-border/.» [Consulté le 07 avril 2023]

relatifs à l'identification des réfugiés, des apatrides et à l'admission à la protection subsidiaire.[52]

Dans la mise en œuvre de sa mission, d'abord, l'OFPRA instruit les demandes de protection internationale qui consiste à la reconnaissance de la qualité de réfugié, des apatrides et des bénéficiaires de la protection subsidiaire. Ensuite, il opère dans la protection juridique et administrative en faveur des réfugiés statutaires. Enfin, il conseille pour les démarches de la procédure de l'asile à la frontière. Les avis pour finir sont transmis au ministère de l'intérieur pour les demandes d'autorisation d'entrer en France avec le titre de l'asile. L'institution OFPRA dispose certainement à son actif une variété de structures et un passé inépuisable en matière d'actions. Cependant, des trois missions précitées, deux pour cette étude constituent un intérêt.

La première est cette entreprise qui consiste après plus de vingt (20) ans de définir la qualité de réfugié aux individus qui remplissent les conditions définies par les textes. Il s'agit notamment des Espagnols qui dans la période de 1939, entrant en France sans avoir au préalable sollicité le statut de personnes déplacées pendant la guerre et qui n'ont pu bénéficier de protection.[53] A ceux-là s'ajoutent les cas comme ceux de l'Europe de l'Est. Les Hongrois soit deux cent milles (200 000) qui en 1948 ont fui leur pays après le coup de Prague, et ceux qui en 1956 se sont déplacés après l'intervention soviétique.[54] Ainsi que les Polonais qui ont fui après la campagne antisémite survenue après le soulèvement des étudiants en 1968. Tant d'années écoulées avant de remettre sur table les questions de papier (statut de réfugié) et trouver ¨solution¨ la misère humaine. Fallait-il encore, être européen pour échapper à la Convention de Genève en 1954 avec l'adoption de la restriction géographique qui s'imposait aux réfugiés craignant des persécutions.

La seconde entreprise de cette institution est celle qui consiste à soulager la situation des individus qui du fait de leur statut de réfugié sont astreints à retourner dans leur pays d'origine pour des documents d'état civil. Ceci est l'héritage de la situation de plus trois cent cinquante mille (350 000) cas de réfugiés, auquel l'OFPRA devrait faire face au moment de son entrée en vigueur en 1952.[55] L'activité de l'OFPRA passe pour être une urgence vitale à la condition existentielle des sujets de droit international.

En élaborant une observation de la mission de l'OFPRA en termes de pourcentage, la préoccupation des déracinés devient plus interpellant. En effet, en

---

[52] République française. Décret n°2010-1444 du 25 novembre 2010 relatif aux attributions du ministère de l'intérieur, de l'outre-mer, des collectivités territoriales et de l'immigration [en ligne].2012. Disponible sur : «https://www.legifrance.gouv.fr/loda/id/JORFTEXT000023137326.» [Consulté le 07 avril 2023]

[53] GUILHEM Florence, *L'obsession du retour. Les républicains espagnols 1939-1975,* Toulouse, Presses universitaires du Midi, 2005. 224 p. Disponible sur : «https://books.openedition.org/pumi/10599?lang=fr.» [Consulté le 08 avril 2023]

[54] République française. Histoire de l'asile et de l'Ofpra [en ligne]. Disponible sur : «https://www.ofpra.gouv.fr/frise-chronologique/1950.» [Consulté le 08 avril 2023]

[55] Idem.

2016 le taux d'accord est de 29%.[56] Entre 2017 et 2020 le taux d'admission global s'élève à près de 30%.[57] L'on retiendra qu'en 2020 la provenance des demandeurs d'asile en France sont à la fois de la Turquie, de la Guinée, du Pakistan, du Bangladesh, et de l'Afghanistan.

Dans la perspective d'une analyse globale, le pourcentage de taux d'accord entre 2016 et 2020 semble encourageant et louable. Toutefois, ce taux est fortement insignifiant devant le nombre d'individus en situation de grande précarité qui sans faute de leur part son incapable de trouver le sourire, un domicile, du travail, se soigner et de gérer une famille. En observant les missions de l'UNHCR, HCR aux Etats-Unis et l'OFPRA en France, il y a raison de se préoccuper sur les causes des scandales humanitaires. Pourquoi faudrait-il que les Nations unies s'évertuent tant à mobiliser des sommes pharamineuses aux Etats pour répondre aux réalités existentielles des réfugiés. Ces nations d'accueils qui établissent des quotas en termes de pourcentage chaque année, ne sont-elles pas les instigatrices de la déstabilisation des pays d'origines de ces réfugiés ? Ne sont-elles pas les grands pourvoyeurs d'armes de déstabilisations ? L'ONU ne serait-elle pas plus utile à réprimer systématique les protagonistes et les instigateurs des violences qu'à résoudre les questions de réfugiés ?

En s'inspirant de la révélation de Mediapart en 2020 sur le traitement de certains dossiers par l'OPRA, il y a évidement de quoi à s'interroger sur la crédibilité et l'indépendance de ces établissements publics internationaux et nationaux. En effet, les délais prolongés sur les dossiers de présumés génocidaires rwandais, leur permettaient de rester sur le territoire français sans conséquence.[58] C'est aussi le lieu de se demander si la France est sans reproche dans la crise rwandaise ?

Parmi les réfugiés en France, ailleurs en Europe et aux Etats-Unis, nombreux sont aussi d'origine africaine. Cette étude voudrait prendre en compte les éventuelles stratégies misent en place par l'Organisation de l'Unité Africaine (OUA) en référence des dispositions de la Convention de 1951.

[56] L'OFPRA. La mission étude et statistique [en ligne]. Disponible sur : «https://archive.wikiwix.com/cache/index2.php?url=https%3A%2F%2Fwww.ofpra.gouv.fr%2Ffr%2Fl-ofpra%2Fl-ofpra-en-chiffres%2Fla-mission-etudes-et-statistiques#federation=archive.wikiwix.com&tab=url.» [Consulté le 08 avril 2023]

[57] République française. Immigration : les chiffres pour l'année 2020 [en ligne]. Disponible sur : «https://archive.wikiwix.com/cache/index2.php?url=https%3A%2F%2Fwww.vie-publique.fr%2Fen-bref%2F278205-immigration-les-chiffres-pour-lannee-2020#federation=archive.wikiwix.com&tab=url.» [Consulté le 08 avril 2023]

[58] ENGLEBERT Théo. Réfugiés rwandais : le dévoilement du droit d'asile [en ligne]. 2020. Disponible sur : «https://archive.wikiwix.com/cache/index2.php?url=https%3A%2F%2Fwww.mediapart.fr%2Fjournal%2Finternational%2F220820%2Frefugies-rwandais-le-devoiement-du-droit-d-asile#federation=archive.wikiwix.com&tab=url.» [Consulté le 08 avril 2023]

I.2.1.4. La Convention de l'OUA (UA) régissant les aspects propres aux problèmes des réfugiés en Afrique adoptée le 10 septembre 1969

A titre de précision préalable, l'Organisation de l'Unité Africaine (OUA) s'est structurée de 1963 à 1999. De ses cendres, s'est formée en 2002 l'Union africaine qu'est une organisation interétatique continentale regroupant 55 Etats. Toutefois, les décisions de l'OUA précédant l'UA ne sont à aucun moment sous-estimées. Ainsi, UA considère les problèmes et hérite la définition relative aux réfugiés prévue par le traité régional au regard de la Convention internationale. Laquelle définition adaptait celle de la Convention de 1951à la réalité régionale en ces termes :

> *« ...Toute personne obligée de quitter son pays « du fait d'une agression, d'une occupation extérieure, d'une domination étrangère ou d'événements troublant gravement l'ordre public dans une partie ou dans la totalité de son pays d'origine, ou du pays dont elle a la nationalité.»*[59]

Pourquoi une telle révision de la définition du réfugié donnée dans la Convention internationale ? L'emploi des termes comme *occupation extérieure, d'une domination étrangère,* conséquences *d'événements troublant gravement l'ordre public dans une partie ou dans la totalité...*, qui ne figurent pas dans la Convention internationale de 1951, sont pour autant des relents de la colonisation et de l'impérialisme occidental. En effet, les bases militaires des puissances étrangères, les services secrets, les barbouzes français et leurs supplétifs occidentaux, l'usage de la force pour imposer la démocratie, les crédits et les aides financières de FMI et de la Banque Mondiale, les contrats léonins sont autant d'agents de l'instabilité politique et la décadence morale en Afrique. Dans une perspective similaire à celle du contexte africain, les latino-américains en 1984 adopteront la Déclaration de Carthagène qui précise pour leur compte et de manière objective par rapport à la signification à la Convention internationale de 1951 que :

> *« ... parce que leur vie, leur sécurité ou leur liberté étaient menacées par une violence généralisée, une agression étrangère, des conflits internes, une violation massive des droits de l'homme ou d'autres circonstances ayant perturbé gravement l'ordre public.»*[60]

L'UA, consciente aussi de l'urgence et de la nécessité de secourir les personnes en détresse en raison des situations indépendantes de leur volonté, adopte la Convention de Kampala sur la protection et l'assistance aux personnes déplacées en Afrique. Elle, fonde cette ambition sur les acquis coutumiers et traditionnels africains qu'est l'hospitalité des communautés, fédère les visions communes pour la recherche des solutions durables, définit un cadre juridique approprié pour la protection et

---

[59] Protection des réfugiés : Guide sur le droit international relatif aux réfugiés [en ligne]. 2001. Disponible sur : «https://archive.wikiwix.com/cache/index2.php?url=http%3A%2F%2Farchive.ipu.org%2Fpdf%2Fpublications%2Frefugee_fr.pdf.» [Consulté le 10 avril 2023]
[60] Ibid.

l'assistance, fait de la prévention et recherche les mesures à stopper le phénomène des déplacements internes. Réaffirmant le principe de respect de l'égalité souveraine des Etats parties, de leur intégrité territoriale et de leur indépendance politique, rappelle son attachement total à :

- *la Déclaration universelle des droits de l'homme de 1948,*
- *la Convention de 1948 pour la prévention et la répression des crimes de génocide,*
- *les quatre (4) Conventions de 1949 et leur Protocoles additionnels de 1977,*
- *la Convention des Nations Unies de 1951 relative au statut des réfugiés et le Protocole relatif au statut des réfugiés de 1967,*
- *la Convention de l'OUA de 1969 régissant les aspects propres aux problèmes des réfugiés en Afrique,*
- *la Convention de 1979 sur l'élimination de toutes les formes de discrimination à l'égard de la femme,*
- *la Charte africaine des droits de l'homme et des peuples de 1981 et le Protocole de 2003 à la Charte africaine des droits de l'homme et des peuples relatifs aux droits des femmes en Afrique,*
- *la Charte africaine de 1990 des droits et du bien-être de l'enfant,*
- *le Document de 1994 d'Addis-Abeba sur les réfugiés et le déplacement forcé des populations en Afrique et autres instruments pertinents de l'Union africaine et des Nations Unies sur les droits de l'homme, ainsi que les résolutions pertinentes du Conseil de Sécurité.*[61]

De façon objective et critique, il y a eu tant de signatures au plan régional qu'international susceptibles d'éradiquer de l'Afrique les défis désespérants et déshumanisants. Malgré tout, les défis sont croissants. Pourtant, la Convention de l'OUA de 1969 a modifié l'habitude et la conception des politiques sur le continent au sujet de l'instabilité. Cependant, depuis l'adoption de la Convention 1969 de l'OUA, le taux de réfugiés n'a cessé d'accroitre de façon considérable. Pratiquement pour la seule année 2018, la croissance au niveau des réfugiés est estimée à plus de 7,4 millions.[62] Le graphique ci-dessous élaboré par le Centre d'Etudes Stratégiques de l'Afrique illustre une croissance que nul ne devrait sous-estimer inquiétante entre 2011 et 2022.[63]

---

[61] Convention de l'Union Africaine sur la protection et l'assistance aux personnes déplacées en Afrique (Convention de Kampala) [en ligne]. 2009. Disponible sur : «https://au.int/sites/default/files/treaties/36846-treaty-0039_-_kampala_convention_african_union_convention_for_the_protection_and_assistance_of_internally_displaced_persons_in_africa_f.pdf.» [Consulté le 10 avril 2023]

[62] ABEBE Tsion Tadesse, ABEBE Allehone et SHARPE Marina. Un demi-siècle plus tard, la politique africaine envers les réfugiés toujours à la pointe [en ligne]. 2019. Disponible sur: «https://issafrica.org/fr/iss-today/un-demi-siecle-plus-tard-la-politique-africaine-envers-les-refugies-toujours-a-la-pointe.» [Consulté le 11 avril 2023]

[63] Centre d'Etudes stratégiques de l'Afrique. 36 millions d'africains déplacés de force un chiffre record [en ligne] .2022. Disponible sur : «https://africacenter.org/fr/spotlight/36-millions-dafricains-deplaces-de-force-un-chiffre-record/.» [Consulté le 11 avril 2023]

Selon l'analyse stratégique de ce Centre d'Etude : « *Environ 75 % des déplacés de force en Afrique le sont à l'intérieur de leurs pays. Ces dislocations augmentent ensuite les pressions sur les communautés et les pays qui doivent accueillir ces déplacements de population soudains et non-prévus.*»[64] Pour la seule année 2022, le Centre d'Etude Stratégique de l'Afrique met en contribution le tableau ci-dessous pour illustrer les huit pays pourvoyeurs de l'augmentation en termes de nombre et de pourcentage des déplacés forcés.[65]

Pays	Augmentation du nombre de personnes déplacées de force l'année dernière	Pourcentage de changement
Éthiopie	1 672 931	56
Soudan du Sud	699 343	18
Burkina Faso	603 056	45
Soudan	530 903	16
Nigeria	273 803	8
RDC	155 849	3
Mozambique	116 234	15
RCA	106 096	8

Sources des données : UNHCR, IDMC

Par ailleurs, s'il semble évident de mettre en lumière les données des déplacements de la seule année 2022, il faudrait également retenir que ce phénomène est quasiment répandu dans plusieurs pays africains. Ainsi, le tableau ci-dessous met en relief tous les pays dans lesquels sont occasionnés les déplacements forcé en Afrique. Les sources des données proviennent de l'UNHCR, Centre de suivi des déplacements interne (IDMC) et de la Banque mondiale

[64] Ibid.

[65] Idem.

Pays contribuant les plus au déplacement de force en Afrique				
Pays	**PDIs**	**Réfugiés et demandeurs d'asyle**	**Total**	**Pourcentage de la population déplacée**
RDC	5 339 000	978 994	**6 317 994**	**7**
Éthiopie	4 509 081	150 243	**4 659 324**	**4**
Soudan du Sud	2 229 657	2 339 963	**4 569 620**	**40**
Soudan	3 036 593	913 124	**3 949 717**	**9**
Somalie	2 967 500	716 974	**3 684 474**	**23**
Nigeria	3 119 692	424 702	**3 544 394**	**2**
Burkina Faso	1 902 150	30 964	**1 933 114**	**9**
RCA	602 134	737 151	**1 339 285**	**27**
Cameroun	936 767	142 985	**1 079 752**	**4**
Mozambique	872 188	8 814	**881 002**	**3**
Érythrée		589 104	**589 104**	**18**
Mali	370 548	197 232	**567 780**	**3**
Tchad	381 289	16 081	**397 370**	**2**
Côte d'Ivoire	301 705	45 825	**347 530**	**1**
Niger	264 257	17 715	**281 972**	**1**
Total des personnes déplacées en Afrique	**27 282 493**	**8 420 459**	**35 702 952**	

Sources des données : UNHCR, IDMC, Banque mondiale

De ces données statistiques, la compréhension du phénomène de déplacements forcés devient plus aisée. Le nombre des réfugiés objet de cette étude devient davantage préoccupant. En effet, selon les données ci-dessus de l'UNHCR, du Centre de suivi des déplacements interne (IDMC) et de la Banque mondiale, 8.420.459[66] personnes sont contraintes de quitter leur pays d'origine. Entre persécution, torture et la mort certaine, elles sont obligées d'abandonner leur histoire, leur civilisation, leur identité culturelle pour une illusion de bien-être. Quelle personnalité pourront-elles se forger à l'avenir ? Le droit international humanitaire peut-il combler leur manque ? Leur humanité n'est-elle pas dénier de fondamentaux irremplaçables? Telle est la préoccupation qu'offre la seconde partie de cette parenthèse.

I.2.2. L'illusion du bien-être

Les conditions à élaborer pour qu'une communication devienne plus évidente et pertinente au public puis transforment leur perception des choses, la propagande est le moyen par excellence.[67] La manipulation de l'opinion publique par la propagande, est l'exercice que se donne le politique pour que : «*Cette opinion ne bouleverse pas sans cesse le travail politique entrepris.*»[68] C'est dans cet ordre d'idées, qu'il convient de se demander, si la politique mise en œuvre autour de la mission dévolue à UNHCR peut résoudre l'épineux problème de la ¨crise identité¨[69] du réfugié ? Le patrimoine

[66] Ibid.

[67] DOOB Leonard William, *Opinion publique et propagande*, H. Holt, New York, 1948, p. 127.

[68] ELLUL Jacques, COMPAGNON Daniel, *L'illusion politique*, Table Ronde – Petite Vermillion, Paris, 2004, p. 143.

[69] Le terme crise d'identité se rapporte au domaine de la psychologie. C'est le terme utilisé par le psychologue Erik Erickson pour désigner l'incapacité pour l'égo d'avoir une identité qui lui est propre. Cf. WAGNER Kendra Van. Identity crisis – Theory and research [en ligne]. 2006. Disponible sur :

culturel, le processus d'hominisation socioculturel ne sont-ils pas primordiaux à l'épanouissement total de la personne humaine ? Réfugié, l'individu ne sera-t-il pas en permanence confronté aux défis identitaires ? Ces préoccupations nécessitent parfois d'être prise en considération et en réflexion.

I.2.2.1. La perte du patrimoine culturel

L'expression patrimoine, dérivée du Latin *patrimonium* c'est-à-dire héritage du père et de la mère, se définit de manière étymologique par extension comme l'ensemble des biens hérités de la famille.[70] La dimension religieuse qui caractérise ou imprègne le patrimoine développe aussi dès le Moyen Âge la réflexion de la sauvegarde et la préservation d'objets investis de valeurs. C'est par exemple le cas des reliques des saints. C'est aussi l'assemblage des bibliothèques royales, les archives d'institutions étatiques et religieuses, les édifices historiques.[71]

Outre le patrimoine dit « matériel », le patrimoine «immatériel» revêt une multitude de formes allant des contes et légendes, des mythes, des jeux, des traditions gastronomiques, des danses, des coutumes, des chants, etc. Faisant appel à la notion d'héritage, le patrimoine se lègue de génération en génération. Les générations successives se transmettent le patrimoine de façon intact ou augmenté. C'est dire que l'idée des attributs de propriété personnelle selon le droit romain d'*usus*, *frutus* et d'*abusus* (droit d'user, droit de jouir, droit de disposer) est largement dépassé et relève du bien public et du bien commun.

Le patrimoine culturel donc offre évidemment le moyen d'exprimer sa créativité, forge une identité propre et renforce ou préserve le sentiment d'appartenance à la communauté. Aucun peuple ne veut perdre sa culture au profit d'une autre, comme il serait aussi absurde de prétendre n'avoir aucune culture. L'humanisation de la personne passe par l'expérience culturelle qui offre des occasions de loisirs, d'apprentissage et de divertissement avec les autres.

Le patrimoine culturel est la mémoire du savoir-faire, savoir-dire, savoir-être. Déjà, lorsque les Nations Unies adoptent la Convention de la Haye, premier instrument à vocation universelle exclusivement axée sur la protection du patrimoine culturel en cas de conflits armés en 1954, n'est-ce pas en vertu de sa valeur historique et irremplaçable qu'il dispose ? Lorsque, le 16 novembre 1972, l'UNESCO à l'occasion de sa 17ème conférence adopte la Convention pour la protection du patrimoine mondial, culturel et naturel, n'est-ce pas qu'elle mesure à sa juste valeur l'importance et la dimension irremplaçable de ces acquits historique ?

A bien réfléchir, il est évident que s'en prendre au patrimoine, c'est s'en prendre à ce qui est particulièrement précieux pour un peuple telle que sa culture et

---

«https://archive.wikiwix.com/cache/index2.php?url=http%3A%2F%2Fpsychology.about.com%2Fod%2Ftheoriesofpersonality%2Fa%2Fidentitycrisis.htm#federation=archive.wikiwix.com&tab=url.» [Consulté le 12 avril 2023]

[70] Le Petit Larousse. Ibid.

[71] BABELON Jean-Pierre, CHASTEL André, *La notion de patrimoine*, Liana Levi, Paris, 1994, p. 13-26 ; 27-48.

son identité. Durant la seconde mondiale et celle de Yougoslavie, la destruction des éléments patrimoniaux on terriblement choqué l'esprit humain. Par ailleurs, le souvenir du monde restera longtemps fixé sur les dynamitages des bouddhas géants de Bamiyan, en Afghanistan, la destruction du site de Palmyre, en Syrie, tout comme le pillage d'objets archéologiques dans les musées irakiens.

Au-delà donc des aspects matériels et immatériels sacrés, la personne humaine, ¨synthèse¨ de patrimoine culturel ne devrait pas être envisagé dans un ¨programme de substitution¨. Le statut de réfugié, si elle parait une solution immédiate dans ¨le feu de l'action¨, elle parait aussi dans une duré prolongé une atteinte à l'honneur et à l'intégrité morale de la personne humaine et d'une civilisation en voie de disparition. Comment prétendre qu'un certificat attestant le statut de réfugié suffise pour que l'individu retrouve son équilibre vital ? La carte d'identité attestant le statut de réfugié et permettant de résider, de travailler et de voyager conformément à la Convention et Protocole relatifs au statut de réfugié pose intrinsèquement le problème du mépris du patrimoine culturel. En effet, dans certains pays comme la France, la Belgique et l'Allemagne, etc. l'individu ayant une carte de d'identité de réfugié est privé de retourner dans son pays d'origine sous peine de perdre son statut de réfugié.

Toutefois, rien ne semble entrepris au plan international pour qu'il retrouve pleinement ses droits et réparation des dommages subis. Dans une certaine mesure, la mission Onusienne en faveur des réfugiés semble peu satisfaisante. A priori, l'assistance aux réfugiés est de nature propagandiste. La clé de lecture de cette ¨supercherie¨ est identique à l'état politique. En effet, de toute évidence que le politique déconnecté de la réalité des faits, n'agit qu'en fonction de l'opinion qui impacte son efficacité. Pour maintenir sa dynamique, de façon concomitante, il fait précéder sur l'opinion la propagande et les mesures sans solution. Si l'on n'y prend garde, le contexte actuel de la gestion des réfugiés contribue à la perte du patrimoine socioculturel.

I.2.2.2. La standardisation de la société

La situation du réfugié, telle qu'elle se prête à l'esprit critique, dévoile a priori le processus de «mondialisation»[72] qui cherche à imposer une société ¨standardisée¨[73], c'est-à-dire une forme d'homologation à tous les niveaux. La raison pourrait aussi être que, la mondialisation présente d'énorme avantages entre autre : l'échange culturel et ouverture d'esprit, l'augmentation du flux de capitaux et accès à divers marchés, des

[72] Le terme de mondialisation, dans son sens obvie correspond au libre échange des marchandises, des personnes, des capitaux, des informations, des services et des techniques. C'est aussi l'intégration des marchés et le rapprochement des humains qui résulte notamment de la libéralisation des échanges, du développement des moyens de transport de personnes et de marchandises. C'est aussi les retombées des technologies de l'information et de la communication (TIC) au niveau planétaire selon la vision de l'Organisation des Nations Unies pour l'Education, la Science et la Culture. Toutefois, ici, c'est la vision de Marshall McLuhan qui est prise en considération. Vision selon laquelle la mondialisation l'évolution peu à peu vers le «village global». Il s'agit donc de l'influence des mouvements antimondialistes et altermondialistes, qui attire l'attention du public sur l'ampleur et les conséquences de ce phénomène.

[73] C'est dire une société à modèle unique.

produits à bas prix et le partage des connaissances, de la technologie et la main d'œuvre de calibre supérieur, etc. Se faisant, les sociétés traditionnelles avec ses us et coutumes, qui sont des cultures singulières, devraient compter pour peu et céder la place pour des connaissances générales, les technologies, aux choix éthiques et esthétiques, etc.

Toutefois, partout sur la planète terre, les communautés qui se rendent compte des menaces qui pèsent sur leur culture se mobilisent pour accentuer leurs droits à être différents. Une des preuves de cette assertion, c'est la tendance ¨europhile¨ et fédéraliste du président français Emmanuel Macron au détriment d'une politique en faveur de la France qui suscite énormément de polémiques.[74] Dorénavant, il existe une forme de résurgence des revendications culturelles. Si auparavant, les culturelles ont semblé capituler face à l'invincible force inouïe de la mondialisation, désormais, elles portent en elles des substances naturelles capables de produire du progrès insoupçonnés et ouvrir de nouveaux horizons à cette société mono-culturelle. Il serait donc illusoire de tenir l'opinion qu'il est possible à l'homme de vivre sans sa culture. En effet, la culture est nécessaire à l'homme puisque c'est par elle qu'il réalise son humanité.

Quoique l'on puisse avancer, l'être humain est doué de sociabilité, de communauté. Les groupes humains sont généralement tissés de réseau complexe de relation sociale qui s'exprime par des normes sociales, des lois, des traditions, des coutumes, des croyances, des usages, des rites, etc. Priver un individu de son origine et de son identité culturelle est d'abord une entreprise voué à l'échec, puisqu'il serait difficilement ou jamais accepté chez les autres. La culture englobe le comportement des individus.[75]

Sans prétention aucune, la condition des réfugiés peut se comprendre aisément dans ce phénomène de revendication de «mondialisation» dont le résultat dépasse l'ancien paradigme évolutionniste[76] comme un cheminement de tous les peuples vers l'assomption d'un seul modèle humain. Depuis longtemps, des relations d'asymétrie ont débouché soit sur un anéantissement soit sur une intégration du plus faible. Ces relations asymétriques se produisent au sein de processus hégémoniques dans lesquels une entité veut imposer aux autres ses conditions par le moyen des armes, qu'elles soient religieuses, politiques ou économiques.

Aujourd'hui, le résultat est le même par les moyens de communication et du marché. Il n'y a plus de dialogue interculturel, ni d'échange libre et fluide entre les

---

[74] FEERTCHAK Alexis, L'offre politique d'Emmanuel Macron au défi des classes populaires [en ligne]. 2017. Disponible sur : «https://archive.wikiwix.com/cache/index2.php?url=http%3A%2F%2Fwww.lefigaro.fr%2Fvox%2Fpolitique%2F2017%2F01%2F06%2F31001-20170106ARTFIG00188-l-offre-politique-d-emmanuel-macron-au-defi-des-classes-populaires.php#federation=archive.wikiwix.com&tab=url.» [Consulté le 14 avril 2023]

[75] GODELIER Maurice, «Quelles cultures pour quels primates, définition faible ou définition forte de la culture ?», dans Albert Ducros, Jacqueline Ducros et Frédéric Joulian, La Culture est-elle naturelle ? Histoire, épistémologie et applications récentes du concept de culture, 1998, Errance, Paris, p. 217.

[76] L'évolutionnisme est une théorie qui explique les lois de l'évolution des sociétés.

communautés. La stratégie de l'UNHCR semble produire un «choc des cultures». Il n'y a presque plus la valorisation des différentes culturelles et la conséquence, c'est encore les conflits à l'échelle internationale. Lorsque certains évoquent «*nos valeurs*»[77], valeurs qui pourtant en pleine action semble ¨phagocyter celles des autres, n'est-ce pas là, selon l'adage, le serpent qui se mord la queue ? Au cas où cette hypothèse s'avérait prégnante, homologuer toutes les cultures au travers d'une stratégie qui prend déjà en compte le statut des réfugiés, c'est vouer les hommes à des conflits identitaires permanents.

I.2.2.3. Les conflits identitaires permanents

Les conflits identitaires remontent à une époque aussi lointaine de la civilisation actuelle. Les réfugiés et les étrangers sont longtemps fustigés et qualifiés parfois de parias surtout lorsque leurs intérêts coïncident à ceux des autochtones. Déjà dans les Saintes Ecritures, le livre de l'Exode rappelait le comportement à éviter vis-à-vis de l'étranger : «*Tu ne maltraiteras pas l'étranger et tu ne l'opprimeras point ; car vous-mêmes avez été étrangers dans le pays d'Égypte» (Exode 22, 20).* Cette attitude s'impose comme une réalité interpellante. Nulle entité apparemment ne peut dans un avenir certain avoir une prétention d'universalité sans tenir compte des particularités ou des différences existentielles et manifestes présentent dans le monde.

Par ailleurs, la croyance de l'existence de Dieu ou d'une réalité au-delà de l'immanence de la matière, implique dans une humanité phénoménologiquement plurielle, une immense gamme de noms pour se référer à cette réalité. Aussi, quand le christianisme tend à affirmer que tous les humains sont frères et sœurs et que Dieu est le Père de tous, cette opinion ne trouve pas l'assentiment de tous.

L'analyse du quotidien des réfugiés dans plusieurs contrées du globe, le rejet par la violence caractérise parfois la conduite de certains nationalistes radicaux. Aussi bien dans les Etats dits développés et démocratiques comme dans ceux en développement, le comportement reste des individus reste le même. Pour peu de choses les situations dégénèrent et l'embrasement gagne des périmètres insoupçonnés.

En 2012, une émeute raciste contre des migrants africains a eu lieu à Tel-Aviv. Au fondement de cette situation, le parti au pouvoir en Israël considérait les migrants africains comme un «*cancer pour la nation*».[78] Estimé à plus de 3000 réfugiés Sud-soudanais vivant sur les terres de l'Etat hébreu, le gouvernement trouve leur situation compliquée et leur accorder la demande d'asile ne valait pas la peine. Sous la pression de la population qui scande : «*Nous voulons l'expulsion des* Soudanais » ou encore «Infiltrés sortez de nos maisons» ; le Premier ministre Benjamin Netanyahou regrette la présence des migrants africains sur le territoire de Israël et déclarant: *«Le phénomène de l'infiltration illégale à partir de l'Afrique est*

[77] Challenges. Macron : ¨Nos valeurs ne s'achètent pas à coup de gaz et du pétrole¨ [en ligne]. 2022. Disponible sur : «https://www.challenges.fr/politique/macron-nos-valeurs-ne-s-achetent-pas-a-coup-de-gaz-et-de-petrole_831262.» [Consulté le 14 avril 2023]

[78] The Guardian. Israël-Emeute raciste contre des migrants africains à Tel-Aviv [en ligne]. 2012. Disponible sur : «https://www.slateafrique.com/87819/israel-migrants-africains-attaques-tel-aviv.» [Consulté le 14 avril 2023]

extrêmement grave et menace les fondements de la société israélienne, la sécurité nationale et l'identité nationale».[79]

Les temps évoluent et les conditions politiques de chaque Etat avec la démographie galopante deviennent de plus en plus des défis à relever. En 1921, à l'initiative de Fridtjof Nansen, premier Haut commissaire pour les réfugiés de la Société des Nations, l'Office international Nansen pour les réfugiés facilitait les déplacements des réfugiés avec le passeport Nansen, premier instrument juridique utilisé dans le cadre de la protection internationale des réfugiés. Désormais, même le droit d'asile est sélectif et déshonorant :

> *«Il faut franchir un cran dans la dénonciation des modes de gestion du droit d'asile. On ne se borne pas, à cet égard, à mettre en œuvre toutes sortes de procédés (y compris la création, dans les pays de transit, de centres de rétention portant ou non leur nom), tendant à interdire l'accès des pays développés aux demandeurs d'asile potentiels. À ceux qui ont pris pied sur le territoire d'États de droit, ou prétendus tels, soucieux de préserver leur réputation, on oppose de plus en plus des fins de non recevoir très largement arbitraires, même quand elles sont administrées par des offices dits de protection ou des institutions se présentant comme juridictionnelles. Ainsi en va-t-il, en France, où les modes d'examen par l'Ofpra des demandes d'asile ont peu à peu cessé de satisfaire, dans un nombre croissant de cas, aux exigences minimum de décence.»*[80]

Outre le chapitre israélien qui n'est nullement un cas isolé, ¨la jungle de Calais¨ terme utilisé régulièrement pour définir les périmètres habités durant des décennies (1990) par les migrants en partance pour l'Angleterre perturbe l'esprit humain.[81] La condition précaire et déshumanisante des migrants pose le problème des droits fondamentaux de l'homme face à la souveraineté des nations. Par ailleurs, l'érection des barrières gigantesques à la frontière de certains Etats constituent de véritables préoccupations face au droit international des droits de l'homme. Le tableau ci-dessous laisse entrevoir de plus en plus un monde qui se barricade devant la montée de l'immigration ¨clandestine¨ conséquence des crises sociopolitiques et climatiques.[82]

---

[79] Ibid.

[80] BELORGEY, Jean-Michel. «Le droit d'asile en perdition». Plein droit. 2007/3 n°74 p. 33-35. Disponible sur : «https://www.cairn.info/revue-plein-droit-2007-3-page-33.htm ». [Consulté le 15 avril 2023]

[81] LECLERC, Jean-Marc. «Calais : les forces de l'ordre se préparent à une nouvelle nuit tendue. » Le Figaro. 2015. Disponible sur : «https://www.lefigaro.fr/actualite-france/2015/11/09/01016-20151109ARTFIG00250-quand-les-migrants-chargent-la-police-a-calais.php. » [Consulté le 21 avril 2023]

[82] Barrière de séparation. In WIKIPEDIA. L'encyclopédie libre [en ligne].2023. Disponible sur : «fr.wikipedia.org/wiki/Barrière_de_séparation». [Consulté le 15 avril 2023]

Localisation ou nom	Pays finançant la construction	Date de construction	Longueur	Motivation de la construction
Afrique du Sud/Mozambique	Afrique du Sud et Mozambique	Afrique du Sud et Mozambique	120 km	Anti-migration
Arabie saoudite/Irak	Arabie saoudite	2006	900 km	Anti-terrorisme
Arabie saoudite/Yémen	Arabie saoudite et Yémen	2004	75 km	Anti-migration
Botswana/Zimbabwe	Botswana et Zimbabwe	2003	500 km	Anti-migration
Brunei/Limbang	Brunei et Malaisie	2005	20 km	Anti-migration
Chine/Corée du Nord	Chine	2006	1 416 km	Anti-migration
Anti-migration	Chine	En construction	2 000 km	Anti-pandémie covid 19 / Contrôle du territoire
Ligne verte ou *ligne Attila*	Chypre	1974	180 à 300 km	Zone de conflit
Zone coréenne démilitarisée	Corée du Nord et Corée du Sud	1953	248 km	Zone de conflit
Charm el-Cheikh	Égypte	2005	20 km	Antiterrorisme
Égypte/Gaza	Égypte	2008	14 km	Antiterrorisme
Émirats arabes unis/Oman	Émirats arabes unis et Oman	En construction	410 km	Anti-migration
Barrière de Ceuta Anti-migration	Espagne	2001	8 km	Anti-migration
Barrière de Melilla	Espagne	1998	11 km	Anti-migration
États-Unis/Mexique	États-Unis d'Amérique	En construction	1 200 km	Anti-migration / Anti-trafic de drogue
Barrière Algérie-Maroc	France	1956-1962	?? km	Lutte contre l'ALN
Ligne Morice	France	1957-1962	?? km	Frontière Algérie-Tunisie, entre Bône et Tébessa, lutte contre l'ALN
Barrage de Djibouti	France	1966-1982	14 km	Mur officiellement anti-migrations
Grèce-Turquie	Grèce	à partir de 2011	12 km	Anti-migration
Inde/Bangladesh	Inde	En construction	3 268 km	Anti-migration
Inde/Cachemire	Inde	2004	550 km	Antiterrorisme / territoire disputé
Mur de Bagdad	Irak	En construction	5 km	pacification civile
Iran/Pakistan	Iran et Pakistan	En construction	700 km	Anti-trafic de drogue
Barrière de séparation israélienne	Israël	En construction	703 km	Antiterrorisme / territoire disputé
Israël-Sinaï	Israël	En construction	En constructi	Anti-migration

			on	
Mur de via Anelli (Padoue)	Italie	2006	0,085 km	Ghetto
Reticolo confinato	Italie	1931-193?	270 km	Frontière Libye-Égypte, lutte contre la Sanousiyya
Kazakhstan/Ouzbékist an	Kazakhstan et Ouzbékis tan	2006	45 km	Anti-trafic de drogue
Koweït/Irak	Koweït et Irak	1991	193 km	Zone de conflit
Mur des Sables	Maroc	1980-1987	2 000 km	Zone de conflit
Ouzbékistan/Afghanist an	Ouzbékistan et Afghanis tan	2001	209 km	Anti-migration
Ouzbékistan/Kirghizis tan	Ouzbékistan et Kirghizi stan	1999	870 km	Zone de conflit
Pakistan/Afghanistan	Pakistan	En construction	32 km	Antiterrorisme
Mur de Calais	Royaume-Uni	2016	1 km	Anti-migration
Russie/Tchétchénie	Tchétchénie (Russie)	Proposée	700 km	Antiterrorisme, contrôle de territoire
Turkménistan/Ouzbék istan	Turkménistan et Ouzbék istan	2001	1 700 km	Anti-migration

Ces structures de barrières parsemées à travers le monde évoquent aussi des objectifs inavoués. Dans la perspective d'un monde globalisé, deux idées s'imposent. D'une part, la mondialisation semble être sélective. Certaines nations coopèrent selon leurs intérêts et leurs valeurs. Ce fut l'exemple des réfugiés ukrainiens rapidement favorisés en matière du droit d'asile contrairement à ceux du Moyen Orient et de l'Afrique, qui soumis au principe de quota des années durant, croupissent ¨à la belle étoile¨. D'autre part, la mondialisation semble être un prétexte économique unilatéral de l'impérialisme des Etats développés envers ceux en développement. Dans les deux (2) cas, la condition des réfugiés reste une problématique du droit international qui parfois surpasse la compétence de l'UNHCR.

Dans l'éventail des difficultés que rencontrent les réfugiés de partout dans le monde entier, la condition des ressortissants ivoiriens préoccupe à plus d'un titre. D'abord, elle provient d'une situation dont les contours paraissent mieux maitrisés. Ensuite, au regard de la protection du droit international (la mission de l'UNHCR) et de la politique nationale, les intérêts sont antithétiques dans la mesure où la crise postélectorale de 2010 a fait émerger un pouvoir et une justice des vainqueurs. La politique du rattrapage ethnique étant un slogan, demeurer réfugiés, apatride, mourir ou prisonnier étaient à l'avantage du régime d'Abidjan.

Le risque de préjudice grave à l'égard de nombreux ivoiriens contraints de quitter leur pays à la recherche de sécurité dans un autre pays n'est nullement négligeable. Toutefois, en terre d'exil, remplissaient-ils les conditions requises pour le statut de réfugié ?

Conclusion du chapitre I

Au demeurant, l'humanité est confrontée à des problèmes pertinents. La cohésion sociale en partie se déstructure du fait des violences multiples. L'espoir de survie des déplacés en exil parfois s'évanouit au contact de politique structurelle de protection des droits de l'homme défavorable pour certains. Malgré la ratification du statut des réfugiés par cent quarante cinq (145) Etats partis le 28 juillet 1951 à Genève, le rapport du réfugié et du droit international humanitaire sans aucun doute reste problématique.

En effet, si des opportunités conventionnelles telles que le déplacement au-delà des frontières avec la possibilité de demande d'Asile, la garantie de protection, s'offrent aux réfugiés, toutefois, la déception de ces derniers est effective. Les organisations en charge des déplacés en l'occurrence le Haut Commissariat des Nations Unies, le HCR aux Etats-Unis, l'Office Français de protection des Réfugiés et Apatrides, la Convention de l'UA régissant les aspects propre aux problèmes des réfugiés en Afrique sont confrontés à des défis sérieux. L'illusion du bien-être des réfugiés se confirme dans une triple conséquence destructrice opérée par la perte du patrimoine culturel, la standardisation de la société et les conflits identitaires permanents.

Dans le contexte particulier de la Côte d'Ivoire, la vie des réfugiés au-delà de ses frontières est aussi préoccupante et s'apparente à une conspiration politico-institutionnelle. Le chapitre suivant tentera de mettre en exergue la condition des ivoiriens en terre d'exil.

Chapitre II. Les réfugiés ivoiriens presqu'en situation du Nihilisme

L'idée du statut de réfugié ivoirien pourrait en tout état de cause paraitre à première vue saugrenue. La Constitution ivoirienne, conformément aux dispositifs de la Convention de 1951 relative au statut des réfugiés et de la Convention de l'Organisation de l'Unité africaine (OUA) régissant les aspects propres aux problèmes des réfugiés en Afrique, traité régional adopté en 1969, retient que : «*Aucun ivoirien ne peut être contraint à l'exil. Toute personne persécutée en raison de ses convictions politiques, religieuses, philosophiques, ou de son appartenance ethnique peut bénéficier du droit d'asile sur le territoire de la République de Côte d'Ivoire sous la condition de se conformer aux lois de la République.*»[83]

Au regard de la loi fondamentale ivoirienne et de la question de réfugié ivoirien durant la période allant de 2011 à 2022, la situation semble préoccupante et pertinente. La gestion de la chose publique (la politique) est-elle à l'antipode de la Constitution ? Serait-ce normal d'évoquer l'idée de paradoxe ? Un aperçu du contexte sociopolitique de la Côte d'Ivoire pourrait être nécessaire pour élucider cette préoccupation. Certainement, il fournirait quelques pistes de réflexions de l'impact du droit international sur les violations des droits fondamentaux des droits de l'homme par certains régimes politiques.

II.1. La Côte d'Ivoire dans le tourbillon de crise sociopolitique

Le 19 septembre 2002, la Côte d'Ivoire faisait face à une rébellion dans plusieurs villes du pays notamment Abidjan, Bouaké, et Korhogo.[84] Plusieurs personnalités du pays étaient assassinées. Parmi lesquelles figuraient le ministre de l'intérieur Emile Boga Doudou, et l'ex-Chef d'Etat Robert Guéï (1999-2000).[85] Les putschistes repoussés se replient dans la ville de Bouaké où ils organisent la partition du pays en deux. L'image ci-dessous, illustre en rouge le territoire contrôle par les rebelles jusqu'à mai 2005.[86]

[83] La Constitution ivoirienne de 2016. Article 12 [en ligne]. 2012. Disponible sur : https://www.centif.ci/images/lois/caf6428781fcfabd787165779f7f08a0.pdf. [Consulté le 22 avril 2023] Aussi bien que celle de la Loi n° 2000-513 du 1er août 2000 portant Constitution de la Côte d'Ivoire en son Article 12.

[84] La Côte d'Ivoire de 2002 à 2007, Géoconfluences [en ligne]. 2013. Disponible sur : «http://geoconfluences.ens-lyon.fr/doc/etpays/Afsubsah/popup/BouquetChrono.htm.» [Consulté le 22 avril 2023]

[85] Idem.

[86] Côte d'Ivoire partagée : en rouge les territoires contrôlés par les rebelles, en mai 2005. In Wikipédia. L'encyclopédie libre [en ligne]. 2005. Disponible sur : «https://fr.wikipedia.org/wiki/Crise_politico-militaire_en_C%C3%B4te_d%27Ivoire#/media/Fichier:Cote_d'Ivoire_guerre_civile_mai_2005.png.» [Consulté le 22 avril 2023]

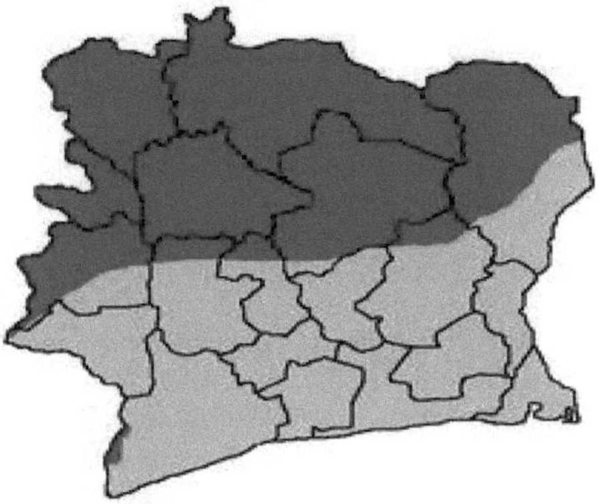

La sortie de crise évoluera tantôt par des signatures d'accords, tantôt dans de brusques crispations remettant en cause toutes les avancées obtenues. Les rebelles prendront plus tard le nom de forces Nouvelles. Le 4 mars 2007, la signature de l'accord politique de Ouagadougou dessine enfin la promesse de règlement final qui sera remis en cause lors des élections présidentielles ivoiriennes de 2010 suivie de la crise politique. L'option de la guerre devient ¨l'ultime recours¨ pour le dénouement de la crise. Le 11 avril 2011, l'arrestation du Président sortant Laurent Gbagbo à la suite de combats acharnés, la victoire militaire des Forces Nouvelles devient évidente. Une atmosphère ni paix ni guerre commence à s'installer. Une atmosphère au sein de laquelle la démocratie cède le pas à la terreur, aux arrestations, aux brimades et à une justice qualifiée ¨des vainqueurs¨.

La Commission d'enquête nationale dirigée par l'ex-premier ministre Charles Konan Banny, dans son rapport estime le 10 août 2012 que le nombre de victimes de cette crise est de trois mille deux quarante huit (3248). Mille quatre cent cinquante (1452) deux morts sont imputées au camp de Gbagbo Laurent, sept cent vingt sept (727) au camp d'Alassane Dramane Ouattara et mille soixante neuf (1069) non attribuées.[87] Les partisans du pouvoir évincé sont considérés comme des boucs émissaires. La crise postélectorale contraint la fuite de milliers d'ivoiriens dans les pays frontaliers et ailleurs partout dans le monde en l'occurrence en France.

II.1.1. Crise postélectorale et dérive d'une configuration politique identitaire

La crise postélectorale évoque la période d'après 2010-2011. Elle met en situation le pouvoir exécutif dont le chef est Alassane Dramane Outtara. Sa doctrine basée sur ¨le rattrapage ethnique¨[88] a pour ambition de combattre l'idéologie de

[87] CESSOU Sabine, Pourquoi la guerre reprend en Côte d'Ivoire [en ligne]. 2012. Disponible sur : «https://www.slateafrique.com/93037/pourquoi-la-guerre-reprend-en-cote-divoire-ouattara-gbagbo.» [Consulté le 22 avril 2023]

[88] ¨Le rattrapage ethnique¨ est une doctrine politique initié par le Président Alassane Dramane Ouattara dont le but est de faire la promotion des fils du Nord et des étrangers vivant en Côte d'Ivoire.

¨l'ivoirité¨[89]. Toutefois, les moyens mis en contribution rappellent l'expérience française de l'épuration violente des collaborateurs, menée au lendemain de la seconde guerre mondiale qui avaient davantage accentué la division d'un peuple déjà meurtri par quatre ans d'occupation nazi.[90] Pourtant la loi du talion et la vendetta n'ont jamais été bonnes conseillères. A la place des défis de cohésion sociale et l'unité nationale, la terreur semblait s'ériger en projet politique.

II.1.1.1. La chasse aux sorcières[91]

Si le combat contre l'injustice et l'inégalité a été longuement mûri par le Rassemblement Des Républicains (RDR) dont Alassane Dramane Ouattara est le leader, son accession au pouvoir a été cauchemardesque pour la population ivoirienne. Quelques exactions, arrestations, atteintes aux droits de l'homme ci-dessous illustrent un pan des raisons des fuites massives de la population :

- Plusieurs responsables de police dont le patron de la DST (Direction de la Surveillance du territoire) ont été arrêtes. Parmi ces inculpés figurent Négblé Dogbo César, patron de la Direction de la surveillance du territoire (Dst) et ses compagnons de fortune, Robert Gogo Joachim du Centre de commandement des opérations de sécurité (Cecos), Tiagnéré Jean-Louis du district 3 de Yopougon et Yoro Claude des unités d'intervention. Tous sont détenus sans aucun motif.[92]

- De nombreuses personnalités ainsi que des individus civils proches du Président Laurent Gbagbo sont persécutés, emprisonnés, exécutés malgré les appels à la retenue des organisations internationales.[93]

- *«Dit le Procureur. Qui sont les rebelles ? Un ancien responsable de l'armée française dira — je cite : «J'ai pu constater que la plupart des*

[89] ¨L'ivoirité¨ est un concept idéologique ivoirien qui associe : identité culturelle (savoir), souveraineté (savoir être) et créativité (savoir-faire). ¨L'ivoirité est donc tout ce par quoi se reconnaît la communauté humaine ivoirienne (social, politique, régional, national, ethnique,...). ¨L'ivoirité¨se conçoit dans la perspective de langue, d'engagement, de pensées, de valeurs, de lieu, de vie, de croyances, de traditions, de pratiques, de vecu en commun et de mémoire historique. Cette idéologie est aussi pour certains envisagée dans le sens de préférence nationale. Cf. BRAECKMAN, Colette «Aux sources de la crise ivoirienne», Manière de voir, 2005, n° 79, p. 80.

[90] AMOUROUX Henri, La grande histoire des Français après l'occupation, t. 9, Les règlements de comptes septembre 1944 – janvier 1945, Robert Laffont, Paris, 1991, p. 83-89.

[91] L'expression ¨chasse aux sorcières¨ est la persécution et la condamnation systématique des individus accusées de pratiquer la sorcellerie. Si l'expression est employée au féminin c'est aussi le fait que la majorité des victimes à l'époque sont des femmes quoique des hommes en fassent partis. Sur quatre (4) femmes pourraient figurer un homme. Jules Michelet pour sa part exagère lorsqu'il chiffre un homme pour dix milles femmes. Cf. MARCHAND Patrick, Sorcières : mythes et réalité, L'Harmattan, Paris, 2011,

[92] MIEU, Baudelaire. «De hauts responsables des forces de sécurité pro-Gbagbo ont été mis en liberté provisoire». Jeune Afrique. 2013. Disponible sur : «https://www.jeuneafrique.com/169082/politique/de-hauts-reponsables-des-forces-de-s-curit-pro-gbagbo-ont-t-mis-en-libert-provisoire/ ». [Consulté le 24 avril 2023]

[93] Mouvement Ivoirien des droits d l'homme (MIDH). Côte d'Ivoire : «La lutte contre l'impunité à la croisée des chemins» [en ligne]. 2013. Disponible sur : «https://www.fidh.org/IMG/pdf/cotedivoirefr2013.pdf.» [Consulté le 24 avril 2023]

chefs rebelles n'étaient pas des chefs militaires mais des chefs de bandes d'une violence inouïe, dont l'activité principale consistait à s'imposer par la force, à racketter et tuer, à violer, et ils maintenaient la terreur parmi la population afin de s'enrichir.»[94]

Par ailleurs, toutes les exactions ne devraient pas être imputées ou évaluées uniquement du côté des forces Nouvelles. Les pro-Gbagbo ne sont pas que des victimes. Après la chute de leur leader, l'instinct de survie, les a également conduits au recours excessif à la force contre les manifestants, à commettre des assassinats ciblés et aux disparitions forcées d'activistes et des violences ciblées contre les immigrés ouest-africains supposés pro-Ouattara.[95]

Dans l'ouest du pays, principalement chez les Guéré, les témoignages recueillis des organisations internationales présentes sur les lieux avec Human Rights Watch concordent, lorsqu'elles dénoncent les exactions sur les pro-Gbagbo : *«Des massacres d'envergure dirigés contre les ressortissants Guérés proches de Laurent Gbagbo et commises par les forces d'Alassane Ouattara.»*[96] L'insécurité et les menaces grandissantes à travers le pays favorisaient des vagues migratoires tant à l'intérieur qu'à l'extérieur du pays.

Dans un autre cas supposé malheureux, des individus moins chanceux seront pourchassés et emprisonnés. Malgré l'évolution du temps, un climat de crispation baigne l'esprit des populations. Les foyers de tensions demeurent vifs. Chaque élection constitue une période de violence de haute intensité. La réconciliation, seule issue de sortie de crise ne semble pas être un levier indispensable. En effet, les parties d'oppositions convaincues que le régime au pouvoir est minoritaire, exigent la réconciliation véritable, c'est-à-dire, le retour à l'ordre constitutionnel, l'indépendance des institutions, une justice crédible, et la mise en place d'une Commission Electorale Indépendante (CEI).

Cette disposition qui, par principe se révèle comme une avancée démocratique, ne semble pas être à la faveur du régime au pouvoir. A l'évidence, le Rassemblement des Républicains (RDR) vu leur effectif ne peut de sitôt accédé au pouvoir. L'ironie du sort et contre toute attente, l'expérience dans certains pays en voie de développement révèle que la voie des urnes ne suffit pas ou ne semble pas être l'unique mécanisme d'accession au pouvoir d'Etat. Ainsi donc la situation politique en côte d'Ivoire est toujours extrêmement polarisée.

---

[94] Procès. Cour pénal internationale (audience publique) 02.11-01.15 [en ligne].2016. Disponible sur : «https://www.icc-cpi.int/sites/default/files/Transcripts/CR2016_01995.PDF.» [Consulté le 24 avril 2023]

[95] Human Rights Watch. «Ils les ont tués comme si de rien n'était». Le besoin de justice pour les crimespost-électoraux en Côte d'Ivoire [en ligne]. 2011. Disponible sur : «https://www.hrw.org/fr/report/2011/10/05/ils-les-ont-tues-comme-si-de-rien-netait/le-besoin-de-justice-pour-les-crimes-post.» [Consulté le 24 avril 2023]

[96] ALAIN Toussaint. Côte d'Ivoire : «la chasse aux sorcières» se poursuit [en ligne]. 2011. Disponible sur : «https://unevingtaine.blogspot.com/2011/05/cote-divoire-la-chasse-aux-sorcieres-se.html.» [Consulté le 24 avril 2023]

II.1.1.2. Les emprisonnements arbitraires

Dans la fièvre pour la conquête du pouvoir, des exactions de diverses formes notamment des droits de l'homme ont été commises de part et d'autre du camp des deux protagonistes. Pourtant, depuis lors, la panique continue de s'accentuer du côté du président Gbagbo Laurent. Des arrestations parfois arbitraires laissent planer le doute de l'indépendance de la justice et occasionnent la fuite de la population pro-Gbagbo à majorité jeune la plupart accompagnés de leur père et mère par peur de représailles. Pour ceux qui ont cru bon de s'aventurer sur le chemin de retour, ils sont pour certains, victimes de brimades, pour d'autres des enlèvements pour des demandes de rançons ou mis en prison

Dans un de ses rapports, Gaëtan Mootoo, chercheur à Amnesty International sur l'Afrique de l'Ouest, a déploré le fait que :

> *«La Côte d'Ivoire doit briser le cycle des abus et de l'impunité. Pas un seul membre de l'armée nationale ni autre partisan du président Alassane Ouattara n'a pour l'instant été amené à rendre des comptes pour ses agissements, ce qui constitue un échec total sur le plan de l'établissement de l'état de droit et affaiblit gravement le processus de réconciliation entamé en juillet 2011.»*[97]

Aussi, dans les tumultes de l'oppression et des arrestations, les plus durs et horrifiants ne sont pas forcement celles pratiquées directement par le pouvoir avec les forces de l'ordre. Mais, celles qu'émanent de ses milices. Ces derniers, sans foi ni loi communément appelé microbes ou encagoulés, sous l'emprise des stupéfiants, se prêtent à des enlèvements, des brimades, des tortures et parfois à des exécutions sommaires. Leurs modes opératoires consistent à faire des invasions soudaines et violentes dans les quartiers ou à domicile pour s'emparer des individus suspects qui, pour la plus part sont partisans de Gbagbo Laurent. Dans un message adressé sous forme de lettre au Président Alassane Ouattara, un leader de la jeunesse de l'opposition informe que :

> *«En effet Monsieur le Président, je me nomme Traoré Idrissa, leader de la jeunesse Lmp à Adjamé. Je suis contraint de vivre caché aujourd'hui, loin de mon épouse et de mes enfants tout comme la plupart de mes camarades de la même commune. Mon domicile au 136 Logements a été pillé de fond en comble. Le bâtiment où se trouvaient les bureaux de mon entreprise en création, est entièrement calciné. Le fils du propriétaire qui y logeait a été tué. Mon jeune frère est marqué à jamais à la machette parce que torturé. Ce dernier a eu la vie sauve grâce à des habitants de St Michel (quartier familial) moins passionnés à qui j'exprime au*

[97] Amnesty International. Côte d'Ivoire. Représailles et répressions sous prétexte de maintien de la sécurité [en ligne]. 2013. Disponible sur : «https://www.amnesty.be/infos/actualites/article/cote-ivoire-represailles-repression-pretexte-maintien-securite.» [Consulté le 28 avril 2023]

passage ma reconnaissance. De nombreux militants terrorisés sont actuellement en fuite.»[98]

Quand aux emprisonnements parfois arbitraires, le nombre des personnes incarcérées devenant inquiétant suscitent des réactions fortes de toute part. Parmi lesquelles, celle d'Amnesty International qui, pour sa part s'indigne et interpelle le pouvoir d'Alassane Ouattara lorsqu'il dit :

> *«Le fait que la police collabore apparemment, pour la gestion des manifestations, avec des groupes d'hommes armés qui n'ont pas reçu de formation et qui n'ont pas à rendre de comptes, est extrêmement préoccupant. Cela représente une résurgence alarmante du recours à des agents non officiels du « maintien de l'ordre » en Côte d'Ivoire, et nous avons par le passé documenté de nombreux cas d'atteintes aux droits humains commises par des hommes armés en civil, a déclaré Samira Daoud, directrice pour l'Afrique centrale et l'Afrique de l'Ouest à Amnesty International. Nous demandons aux autorités ivoiriennes d'empêcher immédiatement ces groupes armés de commettre d'autres forfaits. Les autorités doivent mener une enquête exhaustive, efficace et impartiale sur les allégations d'atteintes aux droits humains commises par ces hommes, et sur la complicité apparente de la police. Les responsables présumés doivent être déférés à la justice et jugés dans le cadre de procès équitables par des tribunaux civils de droit commun.»*[99]

Les éléments concordants avaient trait à persécution acharnée d'un camp porte à croire que le système mis en action par le pouvoir visait une politique d'exclusion et de régionaliste. Comment une telle politique puisse être envisagée dans un pays composé de multiples cultures.

II.1.2. La politique d'ethniciste, tribaliste et régionaliste

La Côte d'Ivoire est une nation multiculturelle où se côtoient plus d'une soixantaine d'ethnies. La singularité de chacun met en valeur ses rites, sa culture et sa tradition. Les contrastes économiques et architecturaux depuis l'indépendance en 1960 fait la richesse du pays et sa particularité dans la zone Ouest africaine. C'est dans cette mosaïque de valeurs socioculturelles que sont attirés de toute part les ressortissants de la quasi-totalité des peuples d'Afrique et du monde entier. Comment serait-ce possible au sein de ce paysage diversifié construire un pouvoir politique ethniciste, tribal et régionaliste? Comment est-ce possible si le droit des peuples à disposer d'eux-mêmes

---

[98] Politique. Lettre ouverte au Président Alassane Ouattara. Abidjan.net. 2021. Disponible sur : «https://news.abidjan.net/articles/403125/lettre-ouverte-au-president-alassane-ouattara.» [Consulté le 28 avril 2023]

[99] Amnesty International. Côte d'Ivoire. La police permet à des hommes armés de machettes d'attaquer des protestataires [en ligne]. 2020. Disponible sur : «https://www.amnesty.be/infos/actualites/article/cote-ivoire-police-hommes-armes-machettes-attaquer.» [Consulté le 28 avril 2023]

ou le droit à l'autodétermination[100] forgé depuis l'indépendance pour vivre ensemble et construire une valeur convenable à tous soit écarté ? La Résolution 1514 (XV) du 15 décembre 1960 ne déclare-t-elle pas l'octroi de l'indépendance des peuples coloniaux ? Cette Résolution, n'est-elle pas complétée par la Résolution 1541 du 15 décembre 1960 ? Laquelle vient préciser les deux aspects du droit des peuples : Premièrement, un aspect strictement international, le fait de pouvoir choisir librement un statut international. Deuxièmement, un aspect qui concerne la liberté de choisir son système politique, économique et culturel.

La prétention de bâtir une nation à partir d'un groupe ethnique paraît-elle réaliste ? L'enjeu d'une telle volonté n'est-elle pas en réalité un défi à priver une frange de la population ivoirienne au jeu démocratique ?

II.1.2.1. Propagande ou réal-politique du rattrapage ethnique

Pour certains points de la politique ivoirienne actuelle, l'idéal serait de se référer parfois aux rapports des entités fortement indépendantes de toute influence politique. L'ONG Action pour la Promotion des Droits de l'Homme (APDH)[101] fournit quelques informations capitales sur cette parenthèse à élucider. En scrutant les écrits de cette Organisation, la politique du rattrapage ethnique ne semble être nullement une action de dénigrement ni une propagande à l'encontre du pouvoir de Président Alassane Ouattara. En effet, à travers ses actions et ses propos, il s'en suit que :

> *«Répondant à une question relative aux promotions basées sur l'ethnie, notamment celle de sa région d'origine, constaté depuis son accession au pouvoir, dans l'administration sur le plateau d'une chaine de télévision internationale française, le président donnera cette réponse « Il s'agit d'un simple rattrapage. Sous Gbagbo, les communautés du nord, soit 40% de la population, étaient exclues des postes de responsabilité. (...) Sur ce terrain-là, on ne peut rien me reprocher ».*[102]

Ces propos marquent le point de départ d'une stratégie politique mis en vigueur en Côte d'Ivoire dont les conséquences obstruent l'élan de la mission de la Commission Dialogue Vérité et Réconciliation (CDVR). Nul homme ne pouvait

---

[100] Nations Unies. Préambule. Article 1. §. 2. Qui détermine les objectifs des Nations Unies, précise qu'un des buts des Nations Unies est de développer entre les nations des relations amicales fondées sur le respect de l'égalité des droits des peuples et de leur droit à disposer d'eux-mêmes. Cf. Charte des Nations Unies. Disponible sur : «https://www.un.org/fr/about-us/un-charter/full-text.» [Consulté le 29 avril 2023]

[101] *«ONG- APDH est une Organisation non gouvernementale créée le 28 février 2003 et travaillant essentiellement en Côte d'Ivoire. Elle a pour mission de contribuer à défendre, protéger et promouvoir les Droit de l'Homme, tels que proclamés par les différents instruments internationaux et garantis par les textes nationaux.»* APDH. Rapport alternatif de L'APDH [En ligne]. 2019. Disponible sur : «Rfile:///C:/Users/Charlemagne%20Cl%C3%A9tus/Downloads/APDHCI_UPR33_CIV_F_CoverPage.pdf.» [Consulté le 30 avril 2023]

[102] ONG-APDH. Côte d'Ivoire. Une justice transitionnelle piégée [en ligne] ? 2015. Disponible sur : «https://www.apdhci.org/images/documents_pdf/rapports/rapport%20justice%20transitionnelle%20definitif%20.pdf.» [Consulté le 30 avril 2023]

imaginer qu'un jour dans ce pays, la filiation ethnique serait considérée comme un élément suffisant pour assumer une responsabilité administrative. Tenir de tels propos de la part d'un chef d'Etat de façon officielle et les concrétiser par des nominations dévoile un pouvoir autre que la démocratie. Ainsi, l'on devrait comprendre qu' :

> *«Une telle politique de promotion administrative à base ethnique est, dans le fond, une forme d'épuration ethnique de l'administration publique puisqu'elle a été suivie de licenciements abusifs et massifs dans certaines EPN. Cette politique de stratification des citoyens en deux camps, d'un côté ceux qui sont proches de l'ethnie du Président de la République, bons pour occuper les postes administratifs et de l'autre, ceux qui par leur patronyme, ne le sont pas, relevés de leurs postes et condamnés à végéter, contribue à approfondir les divisions et les rancœurs et à faire sérieusement douter d'une politique de réconciliation nationale.»*[103]

Dans l'angle de la politique de rattrapage ethnique, l'objectivité du règne par le chaos dissipe le scepticisme. La crise postélectorale certes a occasionné des milliers de victimes, cependant, le tribalisme et le régionalisme des ¨alassanistes¨ ont provoqué la frustration et une fracture abyssale dans la société ivoirienne. Tous les efforts des années successives pour construire la cohésion sociale en Côte d'Ivoire depuis son indépendance semble s'évanouir avec le délire ¨ethniciste¨. Le régime en place montre de façon flagrante à quel point ce pouvoir est dangereux. L'APDH pour sa part n'hésitera pas à affirmer que :

> *«Pour nous le rattrapage est une politique dangereuse, car non seulement, elle est contraire à la constitution de 2000 qui en son article 10 stipule que « toute propagande ayant pour but ou pour effet de faire prévaloir un groupe social sur un autre ou d'encourager la haine raciale ou religieuse est interdite», mais en plus exacerbe inutilement les tensions ethniques dans un pays qui sort d'un long conflit provoqué entre autre par la stigmatisation d'un groupe social, et qui est en quête d'une concorde nationale pour cicatriser les plaies nées de la fracture sociale causée par une décennie de crise.»*[104]

Une telle gouvernance politique funeste ne peut qu'être contraire aux idéaux universalistes des droits de l'homme.[105] Lesquels luttent et s'opposent à toutes initiatives ségrégationnistes. Par conséquent, l'idéologie d'une gouvernance calquée sur une politique formellement ¨exclusioniste¨ ne semblerait-elle pas problématique en Côte d'Ivoire ?

---

[103] Idem.

[104] Ibid.

[105] Nations Unies. La Déclaration universelle des droits de l'homme. Article 2 §. 1 et 2 [en ligne]. Disponible sur : «https://www.un.org/fr/universal-declaration-human-rights/.» [Consulté le 06 mai 2023]

II.1.2.2. La politique d'exclusion

En général, l'idée de la ¨politique d'exclusion¨ pour l'esprit critique se rapporterait au concept de l'exclusion sociale. Une forme de désocialisation d'individu ne remplissant pas des critères culminant d'une communauté au sein de laquelle figureraient des statuts divers. C'est dire par exemple des personnes moralement ou physiquement handicapés, tout comme ceux dont le poids de l'âge fait défaut. L'exclusion sociale est un acte de nature brutale qui déconstruit l'ensemble des appartenances, des affiliations, voire des relations qui unissent les personnes.[106]

Si pour les citoyens ivoiriens cette expression semble nouvelle et insupportable, dans le monde, son usage remonte à des époques plus anciennes. La pratique de mise à l'écart se retrouve dans de nombreuses communautés. Les nations postindustrielles, dans les années 1980 particulièrement en ont fait un usage avec la question du marché du travail et le nombre galopant de chômeurs. Par conséquent, en société dite évoluée notamment démocratique caractérisée par la garantie des droits et devoirs de chacun, la politique ¨exclusioniste¨ pose la préoccupation de la citoyenneté effective.

En évoquant la politique d'exclusion, c'est ce silence coupable du pouvoir qui emploie des mécanismes de règlements de compte. Lesquels terrorisent et favorisent l'abandon de poste et la fuite à l'extérieur du pays des partisans de l'opposition. Le pouvoir ignorait-il de telles agitations ? Amnesty dans un rapport en date du 23 octobre 2012 dénonçait les tortures, les détentions arbitraires et appelait le pouvoir à ¨aller au-delà des promesses¨ sur les droits de l'homme.[107]

Suite à ces pratiques belliqueuses, la sanction infligée aux responsables, qui ne sont autres que les chefs de guerre, est une simple mutation à d'autres postes au sein de l'armée.[108] Malgré les sanctions, les chasseurs traditionnels, supplétifs de l'armée ne démordent pas des abus des droits de l'homme et n'échappent pas aussi aux critiques de manque de professionnalisme de la part de la population et d'Amnesty international. Lesquels qualifient leurs agissements de «*Loi des vainqueurs*».[109] Ainsi, le salut des vaincus devraient se caché ou trouver leur salut qu'en exil avec leur famille.

---

[106] CHARPENTIER Michèle, GUBERMAN Nancy, BILLETTE Véronique (dir). *Vieillir au pluriel*, Perspectives sociales, Presses de l'Université du Québec, Québec, 2010, p. 47.

[107] Le Monde. «Côte d'Ivoire : Amnesty International dénonce torture et détentions arbitraires» [en ligne]. *Le Monde Afrique*.2012. Disponible sur : «https://www.lemonde.fr/afrique/article/2012/10/26/amnesty-international-denonce-tortures-et-detentions-arbitraires-en-cote-d-ivoire_1781961_3212.html.» [Consulté le 07 mai 2023]

[108] Politique. «Armée ivoirienne : des ex-rebelles nommés chefs adjoints de bataillons» abidjan.net. 2012. Disponible sur : «https://news.abidjan.net/articles/444441/index.» [Consulté le 7 mai 2023]

[109] Amnesty International. Côte d'Ivoire : représailles et répression s'exercent au nom de la sécurité [en ligne]. 2013. Disponible sur : «https://archive.wikiwix.com/cache/index2.php?url=http%3A%2F%2Fwww.amnesty.fr%2FAI-en-action%2FViolences%2FJustice-internationale%2FActualites%2FLa-Cote-d-Ivoire-doit-briser-le-cycle-des-abus-et-de-l-impunite-7936#federation=archive.wikiwix.com&tab=url.» [Consulté le 7 mai 2023]

Toutefois, une telle politique est formellement contraire au droit international des droits de l'homme. En effet, la Déclaration et programme d'action de Vienne stipule que l'extrême pauvreté et l'exclusion sociale passent pour être une atteinte à la dignité humaine. Lequel sans attendre prend des mesures pour stopper les causes de l'extrême pauvreté, l'exclusion sociale et assure la jouissance des fruits du progrès social.[110] La politique d'exclusion, qui ne semble pas être un usage de propos propagandistes, participe à l'ampleur de la fracture sociale. Les mouvements migratoires des jeunes aujourd'hui ne sauraient ne pas trouver leur cause dans ce système de gouvernance.

II.2. La fracture sociale et les mouvements migratoires

L'on s'en souviendra certainement encore de la célèbre expression de Pierre Veilletet [111]: «*L'espérance de cet été là était gigantesque, parce que la résistance avait été gigantesque et gigantesque aussi la fracture sociale qui, fatalement, s'ensuivrait.*»[112] De cette expression, l'idée de fracture sociale montre l'existence d'un fossé qui sépare une frange de la population d'une autre socialement exclu. Auparavant, la dislocation du tissu social résultait de l'impact de la misère, l'accroissement du taux de chômage et des banlieues, ainsi que de la hausse du caractère nuisible de la violence. Dorénavant, la fracture sociale se construit presque dans une idéologie politique qui a pour conséquence directe l'immigration.

II.2.1. Les réfugiés dans l'insécurité

Le Protocole sur la libre circulation des personnes, le droit de résidence et d'établissement en Afrique de l'Ouest définit que :

> «*Les citoyens de la Communauté ont le droit d'entrer de réaliser et de s'établir sur le territoire des Etats membres. Le droit d'entrée, de résidence et d'établissement mentionné au paragraphe 1 ci-dessus, sera établi progressivement, au cours d'une période maximum de quinze (15) ans, à compter de l'entrée en vigueur définitive du présent Protocole, par l'abolition de tous obstacles à la libre circulation des personnes et au droit de résidence et d'établissement.*»[113]

---

[110] La Déclaration et le Programme d'action de Vienne §. 25. Disponible sur : «https://www.ohchr.org/sites/default/files/documents/events/ohchr20/vdpa_booklet_fr.pdf.» [Consulte le 7 mai 2023]

[111] Pierre Veilletet est d'origine française, né le 2 octobre 1943 et décédé le 8 janvier 2023 à Bordeaux. De profession journaliste et écrivain, il a travaillé au quotidien Sud Ouest de 1968 à 2000. Auteur de plusieurs articles, éditoriaux et portraits, Pierre Veilletet est le premier à avoir utilisé l'expression ¨Fracture sociale¨ le 30 aout 1981 dans l'article consacré à Président François Mitterrand. Cf. SALVADOR, Xavier- Laurent. «De la fracture à la distanciation sociale». Le Monde Moderne. 10 juin 2019. Disponible sur : «https://www.lemondemoderne.media/de-la-fracture-a-la-distanciation-sociale/.» [Consulté le 10 mai 2023]

[112] Idem.

[113] Protocole sur la libre circulation, le droit de résidence et d'établissement, zone CEDEAO. Article 1 et 2 [en ligne]. 1979. Disponible sur : «https://www.ilo.org/dyn/natlex/docs/ELECTRONIC/39769/114931/F1913314371/ORG-39769.pdf.» [Consulté le 10 mai 2023]

Cependant, depuis 1979, soit trente-cinq (35) après l'adoption dudit Protocole sa transcription dans les législations nationales ne semble pas être un sujet à l'ordre du jour.[114] Par conséquent, la sécurité de tout réfugié laisse à désirer.

II.2.1.1. Résidence instable et menace d'expulsion

La protection contre le refoulement est un principe vertueux du droit international pour les réfugiés. En droit international des droits de l'homme, elle n'est pas non plus un principe négligeable. Obliger le retour des réfugiés vers leur lieu d'origine où ils sont exposés à des persécutions est formellement interdit. Cette disposition constitue l'épine dorsale de la protection internationale des réfugiés :

> *«Aucun des Etats Contractants n'expulsera ou ne refoulera, de quelque manière que ce soit, un réfugié sur les frontières des territoires où sa vie ou sa liberté serait menacée en raison de sa race, de sa religion, de sa nationalité, de son appartenance à un certain groupe social ou de ses opinions politiques.»*[115]

Ce principe est fondamental et ne peut être dérogé. En effet, l'article 42. §. 1 de la Convention de 1951 et de l'article 7. §. 1 de son Protocole de 1967 énumèrent l'art 33 à l'effet d'être des normes de la Convention de 1951 pour lesquelles, il n'est pas possible de transiger. En général, au-delà du principe de non-refoulement comme il serait envisagé dans l'article 33 de ladite Convention, la protection des réfugiés incombe en parti le droit international coutumier. Dans cet angle, tous les Etats qui ont ratifié cette Convention, ainsi que ceux qui n'en font pas parti, sont contraints à protéger les réfugiés.

Les réfugiés ivoiriens, disséminés dans plusieurs pays de la sous région, ont vécu en des circonstances particulières, des expériences divergentes souvent tristes. Des arrestations en terre d'exil parfois interviennent pour perturber la quiétude des réfugiés. Le mardi 26 mars 2019, le vice président de FPI, Daman Adia Pickass fut enfin libéré d'une détention de 24 heures aux mains de la police ghanéenne. Une arrestation qui est rendue possible grâce à un mandat émis par le gouvernement ivoirien. De cette libération, le prévenu échappait à une extradition vers la Côte d'Ivoire.[116] Par ailleurs, le désir de regagner le bercail pour certains semblait indiscutable à la faveur du retour au pays de l'ex-Président Laurent Gbagbo. Ce retour

---

[114] L'International Centre for Migration Policy Developpement et l'Organisation Internationale pour les Migrations, 2015 (ICMPD). Enquête sur les politiques migratoires en Afrique de l'Ouest [en ligne]. 2008. Disponible sur : «https://publications.iom.int/system/files/pdf/survey_west_africa_fr.pdf.» [Consulté le 11 mai 2023].

[115] L'Agence des Nations Unies pour les réfugiés. UNHCR. La Convention de 1951 relative au statut des réfugiés et son Protocole de 1967. Article 33. § 1 [en ligne]. 2023. Disponible sur : «https://www.unhcr.org/fr/media/convention-et-protocole-relatifs-au-statut-des-refugies.» [Consulté le 11 mai 2023]

[116] KAUTCHA, Donatien. «Côte d'Ivoire : Après 24 heures de détention à Accra, Damana Pickass enfin libéré». KOACI. 2019. Disponible sur : «https://www.koaci.com/article/2019/03/26/cote-divoire/politique/cote-divoire-apres-24-heures-de-detention-a-accra-damana-pickass-enfin-libere_129218.html». [Consulté le 12 mai 2023]

de leur leader inspirait de façon symbolique la décrispation de l'atmosphère politique ivoirienne. En revanche, cette situation pour d'autres présageait que les foyers de tentions pourraient être enflammés à tout moment. Rentrer au pays pour ces derniers est risqué voire un piège pour attirer et inculper plus de présumés responsables de la crise postélectorale.

Par conséquent, le refus des réfugiés au Togo de regagner leur pays leur a valu des représailles sévères. Ils ont été contraints de vider le camp : *«Les éléments de la gendarmerie nationale togolaise ont procédé le vendredi 14 octobre 2022 à un démantèlement des structures existantes sur le site. Cette situation est intervenue suite aux refus des réfugiés de se plier recommandations des autorités de quitter les lieux.»*[117] Toutefois, il ressort de cette triste situation, une version de HCR qui justifie les circonstances de cette déconvenue :

> *«Selon HCR, la recommandation d'appliquer les clauses de cessation issues de la Convention de 1951 sur les réfugiés se fonde sur une analyse approfondie de la situation en Côte d'Ivoire, entre autre l'amélioration de la situation sécuritaire, l'adoption d'une loi d'amnistie en décembre 2018, la libération d'un certains nombre de membres d'opposition détenus et le retour de dirigeants de l'opposition de premier plan depuis février 2021, notamment l'ancien président Laurent Gbagbo.»*[118]

De cette instruction de HCR, il en ressort la préoccupation fondamentale selon laquelle faudrait-il prendre seulement en considération les dispositions du droit international et celles des Etats ? Dans le contexte d'une crise comme celle qu'a vécue la Côte Ivoire, comment gérer les rapports particuliers des individus opposés ? Comment rassurer aux uns et autres qu'une réconciliation véritable a enterré les haches de guerre ? Le refus des réfugiés de rentrer chez eux n'est-il pas une des préoccupations à prendre au sérieux ? Apparemment, l'actualité du climat politique ivoirien, avec la fréquence des poursuites en justice des leaders politiques, l'on ne peut conclure que ¨la mèche ne faiblit pas¨. En effet, l'acharnement des interpellations judiciaires des leaders politiques n'ont jamais cessé.[119]

II.2.1.2. La contrainte pour des activités dégradantes

Le potentiel démographique de l'Afrique subsaharien est considérable. Selon une estimation issue des Nations Unies, ce continent est composé à 60% d'une population âgée de moins de vingt quatre (24) ans en 2020 soit près de huit cent (800) millions de personnes. Pour la même année, le constat sur le nombre d'enfants de

---

[117] MENSA. «Togo-Côte d'Ivoire : situation pour le restant des réfugiés ivoiriens du camp d'Avépozo». KOACHI. 2022. Disponible sur : «https://www.koaci.com/article/2022/10/18/togo/societe/togo-cote-divoire-situation-pour-le-restant-des-refugies-ivoiriens-du-camp-davepozo_164013.html». [Consulté le 11 mai 2023]

[118] Ibid.

[119] SAHI, Eugène. «Damana Adia Pickass convoqué pour la 3e fois devant un juge de la cellule spéciale d'enquête». Dernières informations.2023. Disponible sur : «https://www.7info.ci/damana-adia-pickass-convoque-pour-la-3e-fois-devant-un-juge-de-la-cellule-speciale-denquete/». [Consulté le 12 mai 2023]

moins quatorze (14) ans était de cinq cent quarante (540) millions. Cette dernière estimation pourrait atteindre en 2050 à huit cent (800) millions et neuf cent trente (930) millions en 2100.[120]

Parallèlement à cette estimation démographique, une analyse du marché du travail dans cette contrée éclaire la condition des réfugiés en activité. De fait, le défi du marché de travail en Afrique de l'ouest semble critique. La première caractéristique de ce secteur se situe dans son état informel. La plupart des emplois disponibles sont des auto-emplois avec un degré de qualité déplorable. Les employés, autrement dit «les débrouillards» du secteur informel sont fréquemment ¨rétribués¨ ou reçoivent leurs soldes qui généralement figurent en deçà du seuil de pauvreté.[121]

En pareille circonstance, comment est-il possible de songer à une couverture sociale ? Comment est-il possible de planifier une pension rassurante ? Finalement les employés sont en réalité exposés à des tâches dangereuses. Lesquelles tâches, pour les réfugiés non seulement sont difficile à obtenir mais parfois les déshumanisent. En exil, la précarité d'une vie sans relief provoque la nostalgie de la patrie et l'abandon des situations économiques furent-elles peu reluisante.[122]

Nonobstant, la sensibilisation accrue pour le retour au bercail et l'ambiance existentielle épouvantable dans les pays d'accueils, certains exilés apparemment faméliques résistent en unissant leur force pour n'être pas déplacés.[123] En somme, s'il est triste de savoir que l'autochtone en situation de paix ne dispose pas une activité lucrative épanouissante, comment pourrait-il être autrement pour le réfugié ?

II.2.1.3. Le déclin physique et moral des plus âgés

Quels seraient d'après le bon sens les enjeux fondamentaux que le genre humain devrait assumer pour un témoignage plus conséquent avec les personnes âgées ? Mieux, n'est-ce pas pour un avenir radieux que tous aspirent à la paix et pour laquelle la vie a du sens ? La thématique de la violence et particulièrement les conflits armés passent pour être cette réalité antithétique qui ne saurait s'accommoder avec la vie de ceux dont la force physique et morale décline du fait de leur grand âge.

Ces derniers en Afrique et particulièrement en Côte d'Ivoire, sont des atouts pour les familles. Leurs états émotionnel et sanitaire sont captivants pour les plus jeunes qui devraient subvenir à leurs besoins primaires. N'est-ce pas là une raison qui motive les personnes âgées à se déplacer avec les plus jeunes ? En contexte d'exil, la situation devient plus préoccupante voire insupportable. Là, il s'agit d'un véritable

---

[120] NOUALHAT Laure. L'Afrique confrontée au boom de sa population [en ligne]. 2022. Disponible sur : «https://reporterre.net/L-Afrique-confrontee-au boom-de-sa-population.» [Consulté le 13 mai 2023]

[121] KAPPEL Robert, *Travail et justice sociale. L'Afrique : les défis de l'emploi. Un fossé grandissant*. Allemagne, Friedrich-Ebert-Stiftung, 2022. 76 p. Disponible sur : «https://library.fes.de/pdf-files/iez/19049.pdf». [Consulté le 24 mai 2023]

[122] TRENCHARD, Tommy. «Les réfugiés ivoiriens prennent racine au Libéria». Relief Web, 2013. 24/7. Disponible sur : «https://reliefweb.int/report/liberia/les-r%C3%A9fugi%C3%A9s-ivoiriens-prennent-racine-au-lib%C3%A9ria». [Consulté le 24 mai 2023]

[123] Idem.

« excentrement », c'est-à-dire, de renoncer à s'accaparer d'un environnement qui ne correspond pas aux lustres attentes des plus âgés.

Plusieurs facteurs impactent l'équilibre vital des réfugiés âgés. Parmi lesquels la prise en charge laisse à désirer ; la mort en exil stresse en permanence ; les politiques et projets menés en ce qui les concerne, se situent aux antipodes de leur espérance ; les relations intergénérationnelles les convainquent qu'ils ne sont pas en phase du monde réel ; les questions d'inter-culturalité et du genre apparaissent sidérant. Peu importe les contrées, les réfugiés vieillissants dans leur pays d'accueil sont déboussolés.

Dans une certaine perspective plus évidente, la vieillesse ne peut pas seulement être réduite au statut biologique de la vie de l'individu. Mais, elle peut aussi être appréhendée au stade culturel définit par un statut, des engagements, des conduites et des aspirations sociales.[124] C'est à ce niveau que la nécessité de se s'interroger sur les raisons qui conduisent les réfugiés âgés à rester dans leur pays d'accueil malgré les conditions de vie hostile, devient plus pertinente. Toutefois, on appréhende quelques domaines sensibles à développer ou à réarticuler d'une façon plus originelle – dans le sens aussi riche du terme comme retour au bercail.

Ce retour aux sources est nécessaire pour la coopération des jeunes et les adultes en vue de la préservation des us et coutumes. Les personnes âgées devraient avoir en esprit le désir de transmettre les valeurs de leurs aïeux aux nouvelles générations. C'est à elles que revient la mission de réussir à résoudre adéquatement la tension entre unité et diversité. Une telle attente n'est évidemment pas seulement centrée dans l'imaginaire individuel ou collectif, mais bien loin jusque dans la praxis quotidienne de chaque individu et des structures institutionnelles.

Malheureusement, en Côte d'Ivoire la réalité semble être tout autre, quand le droit inspire une justice expéditive. Un droit devant lequel les présumés coupables ne savent plus revendiquer justice. Un pays où le prétexte de tentative de coup d'Etat est fréquemment brandi pour inculper les partisans de l'opposition. Qu'entend-t-on par pseudo-justice expéditive ? Par cette interrogation, il est nécessaire d'illustrer quelques pratiques.

II.2.2. Les mécanismes d'une pseudo-justice expéditive

En date du 29 avril 2011, un article parut dans une presse allemande intitulée *Frankfurter Allgemeine Zeitung* illustrait, sous le titre de ¨*pas de réconciliation en vue*¨, les actes selon lesquels :

> *«Les rebelles ont tué des dizaines de personnes dont les femmes qui ont eu le malheur de se trouver au mauvais endroit au mauvais moment. Il existe d'innombrables rapports sur des cas de justice expéditive, et pourtant la mission des Nations unies en Côte d'Ivoire,*

[124] NASRAOUI Mustapha, *La vieillesse dans la société tunisienne*, L'Harmattan, Paris, 2003, p. 13-17

l'ONUCI, ne trouve rien à dire sur les violations massives des droits de l'homme par les forces de Ouattara.»[125]

De la question de justice expéditive découlent deux mécanismes pseudo-juridiques dégradant et humiliant.

II.2.2.1. La stratégie d'exil forcé

Les mouvements migratoires des populations fuyant les hostilités de la violence, des harcèlements et des menaces de mort ciblés ont contraint plusieurs individus à l'exil forcé. Parmi les victimes de cette audacieuse stratégie, la figure de proue reste jusqu'alors l'ex-Premier ministre issu du mouvement des rebelles au pouvoir Monsieur Soro Kigbafori Guillaume. A ce dernier s'ajoutent d'innombrables individus comme Affoussiata Bamba Lamine ex-ministre de la communication et Nöel Akossi Bendjo ex-Maire de la commune du Plateau (Abidjan), etc.

Cette stratégie consiste à accuser injustement une personne coupable ou complice de détournement de dénier public. Ce fut le cas de l'ex Maire du Plateau (Abidjan) Noël Akossi Bendjo.[126] On évoque également le délit d'atteinte à la sûreté de l'Etat dans le cas de figure qui maintient en exil forcé Soro K. Guillaume[127] et Affoussiata B. Lamine.[128] De ces motifs, de lourdes peines de prison furent infligées aux individus pour les contraindre à demeurer en exil.

Par ailleurs, depuis 2011, les cyberactivistes qui commentent la gestion du pouvoir en place sont sommés de demeurer en exil forcé. Les plus audacieux qui s'hasardent à retourner au bercail sont immédiatement emprisonnés pour excitation à la haine. Cette pratique empêche d'autres de s'y aventurer ou de se taire pour de bon. C'est le cas de Pierre Assalé Niangoran alias Peter 007[129] et du Commandant Fofana Abdoulaye.[130] Cette stratégie a pour finalité de perturber le moral de l'opposition et de

---

[125] PIOERRON, Marie-Ange. «La Côte d'Ivoire : plus dure sera la réconciliation». Made for minds. 2011. Disponible sur : «https://www.dw.com/fr/c%C3%B4te-divoire-plus-dure-sera-la-r%C3%A9conciliation/a-6516173.» [Consulté le 23 juin 2023]

[126] ROGER, Benjamin. DUHEM, Vincent. «Côte d'Ivoire : l'exil très politique de Noël Akossi Bendjo (1/4)». Jeuneafrique. Politique. 30 juin 2020. Disponible sur «https://www.jeuneafrique.com/1006580/politique/cote-divoire-lexil-tres-politique-de-noel-akossi-bendjo-1-4/». [Consulté le 24 juin 2023]

[127] DESORGUES, Pierre. «Côte d'Ivoire : en exil forcé, Guillaume Soro reçoit le soutien de l'opposition ». TV Monde info, 2019. Disponible sur «https://information.tv5monde.com/afrique/cote-divoire-en-exil-force-guillaume-soro-recoit-le-soutien-de-lopposition-32521». [Consulté le 24 juin 2023]

[128] CHRESUS, Jean. «Côte d'Ivoire : Guillaume Soro et ses proches jugés au criminel, Affoussiata Bamba y voit un «règlement de compte politique» Koaci. 21 mai 2021. Disponible sur «https://www.koaci.com/index.php/article/2021/05/21/cote-divoire/politique/cote-divoire-soro-et-ses-proches-juges-au-criminel-affoussiata-bamba-y-voit-un-reglement-de-compte-politique_151157.html». [Consulté le 24 juin 2023]

[129] R, K. «Depuis la MACA, Peter 007 demande la clémence du président de la république (Courrier)». Abidjan.net. Société. 27 février 2023. Disponible sur «https://news.abidjan.net/articles/718302/justice-depuis-la-maca-peter-007-demande-la-clemence-du-president-de-la-republique-courrier». [Consulté le 24 juin 2023]

[130] TOURE, Amy. «Côte d'Ivoire : Arrestation de Fofana, l'aide de camp de Soro était pisté depuis l'Europe». Koaci. 9 mai 2022. Disponible sur «https://www.koaci.com/article/2022/05/09/cote-divoire/politique/cote-divoire-arrestation-de-fofana-laide-de-camp-de-soro-etait-piste-depuis-leurope_159792.html». [Consulté le 24 juin 2023]

toute personne qui voudrait se ¨mesurer dans un bras de fer¨ avec le gouvernement d'Alassane Dramane Ouattara.

Pour un observateur plus attentif, cette stratégie de gouverner un pays fait reculer la démocratie. Laquelle, jusqu'à preuve du contraire semble être le régime politique par excellence où le peuple jouit de tous ses droits naturels. En revanche, de façon paradoxale, le droit international et les organismes des droits de l'homme semblent être acquis à la cause d'une dictature malicieusement en situation d'émergence comme le stipule cette presse allemande précitée et dénommée *Frankfurter Allgemeine Zeitung.*[131]

La privation de tout individu d'aller et de venir chez lui ou l'usage de stratagèmes pour empêcher tout individu d'aller et de venir chez lui constitue au regard du droit international des droits de l'homme, une entrave à la liberté individuel et une atteinte aux droits naturel de l'homme. Cette disposition naturelle trouve toute sa crédibilité dans la Déclaration universelle des droits de l'homme qui détermine que : «*Toute personne a le droit de quitter tout pays, y compris le sien, et de revenir dans son pays.*»[132] Quant à la Constitution ivoirienne de 2016, elle stipule que :

> «*Tout citoyen a le droit de se déplacer et de se fixer librement sur toute partie du territoire national. Tout citoyen a le droit de quitter librement son pays et d'y revenir. L'exercice de ce droit ne peut être limité que par la loi. Aucun Ivoirien ne peut être contraint à l'exil.*»[133]

Aller à l'encontre de telles dispositions internationales et nationales, pour une autorité étatique, c'est faire preuve de mauvaise foi et trahir son serment constitutionnel. A côté de cette dérive politique s'ajoute des condamnations avec sursis, qui ne peuvent être évoquées sans une approche analytique.

II.2.2.2. Les condamnations avec sursis et par contumace

La Loi n° 81-640 du 31 juillet 1981 du Code Pénal ivoirien dispose en son Article 133, la notion de sursis à l'exécution de l'emprisonnement. Cette disposition juridique est appliquée dans les circonstances exceptionnelles. La pratique de cette norme intervient dans les cas où la condamnation pour des faits de crime ou de délit de droit commun est prononcée pour des peines d'emprisonnement inférieur ou égale à cinq (5) ans. Celles-ci prennent en compte l'amende liée à l'une de ces peines. A condition que l'inculpé ne fasse objet d'une condamnation antérieure. [134]

---

[131] PIOERRON, Marie-Ange. «La Côte d'Ivoire : plus dure sera la réconciliation». Ibid.

[132] NATION UNIES. La Déclaration universelle des droits de l'homme. Article 13 § 2 [en ligne]. Disponible sur «https://www.un.org/fr/universal-declaration-human-rights/.» [Consulté le 24 juin 2023]

[133] COTE D'IVOIRE. Constitution de la troisième République, 8 novembre 2016. Article 21 et 22 [en ligne]. Disponible sur «https://mjp.univ-perp.fr/constit/ci2016.htm.» [Consulté le 24 juin 2023]

[134] EDITIONS JURIAFRICA. Code Pénal (Côte d'Ivoire) [en ligne]. Disponible sur : «https://www.juriafrica.com/lex/art-133-code-penal-cote-ivoire-39403.htm#:~:text=Le%20sursis%20%C3%A0%20l'ex%C3%A9cution,les%20frais%20et%20condamnations%20civiles.» [Page consulté le 04 juillet 2023]

Par ailleurs, le procès par contumace mieux une condamnation par contumace désignerait une décision juridique prononcée par un juge à l'issue d'un procès, en l'absence du prévenu. Sans excuse préalable de son absence à l'ouverture de l'audience, ce dernier est jugé par contumace. Aussi, lorsqu'au cours des débats l'absence de l'accusé est avérée et qu'aucune possibilité de les interrompre n'est envisageable, la condamnation par contumace se prononce. Cependant, le tribunal a la possibilité de décider de renvoyer l'affaire à une section future, lorsqu'il a émis un mandat d'arrêt à l'encontre de l'accusé dans la mesure où cela n'a pas auparavant été décerné.[135]

Toutefois, dans le contexte de la crise postélectorale de 2010-2011, l'application de ces dispositions juridiques comme énoncées semblaient être entravées par des relents politiques très soupçonnés. Serait-ce une énième stratégie pour caporaliser le pouvoir d'Etat ? A cette interrogation surgit une autre qui se préoccuperait du droit. Le droit, en effet, est une émanation de l'Etat, par le biais de la souveraineté de la loi ; la justice, quant à elle vue comme service public, est intégrée à l'appareil d'Etat. Alors comment serait-elle si fragile à être manipulée par le pouvoir politique ? N'est-ce pas la justice qui donne sens au pouvoir politique ? Est-ce conforme aux idéaux du droit que le juriste se laisse inféodé au politique ?

En effet, un pouvoir politique qui ne dispose pas de contre pouvoir est tout sauf une démocratie. Astreindre les opposants politiques à ne pouvoir faire des revendications est une atteinte à la liberté d'expression. Tel est l'outrage fait à Yodé et Siro chanteurs ivoiriens qui écopent d'un an de prison avec sursis. Cette condamnation résulte de l'interpellation directe faite au Président Alassane Ouattara dans le titre musical «On dit quoi» et où une adresse est aussi lancée à l'endroit d'un juriste : «*Le procureur, il n'est plus procureur, il est procureur d'un seul camp. C'est quel pays, là ? Allez dire au procureur Adou Richard, allez lui dire qu'un mort c'est un mort.*»[136]

Brandir le spectre de la condamnation avec sursis ou par contumace comme c'est le cas avec l'ex-ministre Charles Blé Goudé et l'ancien premier ministre Soro K. Guillaume, en contexte de conflit postélectoral n'a qu'un seul but. Celui d'effrayer ou d'éliminer tout adversaire qui cherche à contester la gestion du gouvernement en place. Les condamnations avec sursis et par contumace paraissent par ailleurs des mécanismes juridiques à la portée du pouvoir capable d'empêcher les réfugiés de l'opposition d'être trop exigeants dans la réclamation de leurs droits. Dans cette condition, l'on s'aperçoit que le réfugié ivoirien qui s'hasarde à rentrer dans son pays devient un paria, c'est-à-dire ¨un individu sans droit.¨ C'est pourquoi, certains membres de l'opposition ont du mal à porter plainte pour se faire justice. L'illustration la plus parfaite, c'est quand l'ex-Président Laurent Gbagbo fondateur du FPI

---

[135] Article 354 de la loi n° 2018-975 du 27 décembre 2018 portant code de procédure pénale. Disponible sur «https://loidici.biz/2023/04/18/01-quest-ce-quun-proces-par-contumace/application-loidici/domaine-penal/code-de-procedure-penale/39709/naty/.» [Consulté le 04juillet 2023]

[136] MIEU, Baudelaire. «Côte d'Ivoire - Yodé et Siro : c'est dans ADN de critiquer le pouvoir». Jeune Afrique. 2021/1. Disponible sur : «https://www.jeuneafrique.com/1107459/politique/cote-divoire-yode-et-siro-cest-dans-notre-adn-de-critiquer-le-pouvoir/.» [Consulté le 05 juillet 2023]

abandonne son parti pour créer le nouveau parti PPA-CI. La raison implicite, c'est simplement d'éviter la justice.

Au regard de tout ce qui précède, le droit international pour les réfugiés mérite à nouveau d'être passé au crible d'une réflexion objective. Laquelle viserait à se réapproprier des données originelles de la protection du réfugié pour lesquelles la conscience universelle estime évidente. Nous supposons que c'est là où le bât blesse.

Conclusion du chapitre II

Au terme de ce deuxième chapitre et conformément à la loi fondamentale de la Côte d'Ivoire, l'article 12 de 2016 relatif à l'exil, la question de réfugié ne devrait être analysée en termes de condition de vie réelle. Toutefois, le paradoxe de la gestion du pouvoir laisse entrevoir un type de politiques tendancieux placé à l'antipode de la constitution. En effet, dans le tourbillon de la crise sociopolitique, le gouvernement de la Côte d'Ivoire a fait preuve d'un dérapage anticonstitutionnel.

D'une part, sur la base d'une campagne identitaire, la politique nationale s'est transformée en une chasse aux sorcières et aux emprisonnements arbitraires. Aussi, à son compte, des configurations politiques d'ethniciste, de tribaliste et de régionaliste ont-elle vu le jour. Dans une interprétation exhaustive, ces différentes formes de gestions des affaires publiques qui devraient être appréhendées simplement comme de la propagande, se sont plutôt révélées de la réal-politique de rattrapage ethnique et de politique d'exclusion.

D'autre part, la fracture sociale survenue a créée des mouvements migratoires exponentiels. Des réfugiés en exil se sont confrontés à des situations d'insécurités avec des résidences instables, des menaces d'expulsions, des contraintes pour des activités dégradantes et le déclin physique et moral des personnes âgées. Par ailleurs, dans le souci de durcir cette politique scélératesse, des mécanismes de pseudo-justices expéditives ont été initiées, lesquels ont développé la stratégie d'exil forcé et les condamnations avec sursis et par contumace.

Au regard d'une politique de gouvernement anticonstitutionnel et d'une gestion déshumanisante du réfugié, qui n'est nullement unique en son genre, la réflexion sur les défis et les enjeux du droit international humanitaire s'impose.

Chapitre III. Approche holistique du réfugié comme paradigme de la gradualité du défi et enjeu du droit international humanitaire

Traiter la préoccupation du réfugié dans la perspective d'une approche holistique, c'est vouloir prendre en considération le sujet humain dans sa totalité au lieu de le simplifier de façon parcellaire. C'est dire de façon exacte que cette approche n'exclut pas les dimensions spirituelles, familiale, sociale, culturelle, émotionnelle, mentale, physique, etc. Il semblerait évidemment, qu'à ce niveau, toute démarche stratégique découlant du droit international en faveur du réfugié progresse et défie toute impasse.

III.1. Défis du Droit International Humanitaire comme paradigme de l'épikie

Le paradigme de l'épikie[137], comme modèle de l'équité ou comme la règle générale, indique ce qu'est équitable et digne du respect de la vie de chacun. Sa vision audacieuse et variée de la loi morale saisit également les comportements intime-relationnels d'une façon plus nuancée.[138] Cette perspective laisse comprendre que :

> *« L'épikie, c'est la fidélité à l'excellence en humanité, par le triomphe de l'esprit sur la lettre, la capacité de vivre la transgression matérielle de la loi et de construire une décision de qualité dans l'incertitude du fait singulier, avec une relative certitude de réaliser le meilleur disponible dans les circonstances.»*[139]

Au travers de ce que l'épikie présage, il convient de s'interroger sur le fondement réel du droit international humanitaire. Ce dernier applique-t-il réellement dans son agir les données sociétales ?

III.1.1. Les principes fondamentaux de l'autonomie du Droit International Humanitaire

Il n'est pas surprenant que le droit international humanitaire s'appui sur des valeurs sociales telles que l'universalité, l'humanité, l'unité, l'impartialité, le volontariat, la neutralité, l'indépendance pour faire face à la précarité existentielle des réfugiés par exemple. Ces principes fondent les lois sociales. Pour certains penseurs comme Aristote (384-322 av. J.C), les lois sociales positives s'appliquent de manière

[137] «L'épikie » dérive du terme d'origine grec, faisant référence à la vertu de justice, et qui se rapporte à l'expression être juste au-delà de la loi, dans certaines circonstances particulières de vie, qui n'ont pas été prévues par la lettre de la loi. Disponible sur «https://docteurangelique.forumactif.com/t16187-l-epikie-ou-l-intelligence-dans-l-application-des-lois.» [Consulté le 23 octobre 2023]

[138] THEVENOT Xavier, *Morale fondamentale*, Desclée de Brouwer, Paris, 2007, pp. 99-100.

[139] DESCLOS Jean, *L'épikie, d'hier à aujourd'hui*, collection Essais et Conférences, document n°18, Editions GGC, Université de Sherbrooke, 2003, p. 23.

raisonnable. En effet, celles-ci sont formulées toujours pour la communauté dans son ensemble et jamais pour une situation concrète. Le but essentiel du législateur est de viser le bien commun. C'est pourquoi, les lois ont toujours une formulation générale.

Dans l'énumération des sept (7) principes fondamentaux précités, l'on s'aperçoit qu'ils mettent en ¨surbrillance¨ l'éthique de l'activité. Laquelle éthique oriente l'agir qu'il exerce en survenant aux besoins des plus démunis durant les situations d'urgence tout comme la catastrophe naturelle ou les conflits armés. Certes, le droit n'est pas ¨naturel¨ comme l'on pourrait bien le croire, c'est une convention censée préserver l'intérêt de tous. Cependant, en référence à Joachim Ritter[140], il est plus aisé de savoir que :

> *«Parce que l'homme, étant par nature un être doué de raison, est différent de tous les autres êtres, il a en vertu du droit fondé sur la nature, non seulement le droit de conserver la vie mais aussi celui de faire ce qui moralement est positif et de ne pas faire ce qui moralement est impossible.»*[141]

Conserver la vie résonne ici comme le sommet de l'idéal du droit humanitaire. Un droit qui cherche à limiter les causes réelles des conflits armés, protège les personnes qui ne participent pas ou plus aux combats et restreint les moyens et les méthodes de guerre. Le droit international humanitaire n'est donc pas une formalité pour couvrir un vide du droit à l'égard de ceux qui ont presque tout perdu. C'est plutôt une justice. Une justice telle que perçue par Saint Thomas d'Aquin (1225-1274), pour qui, la vertu de la justice est nécessaire pour perfectionner la loi. C'est-à-dire pour réaliser la vraie intention de la loi. La loi qui est comme le bien commun surtout dans les circonstances changeantes.

Partant de cette supposition, que peut-on penser du Mouvement international de la Croix- Rouge et du Croissant-Rouge ? Suffit-il de s'efforcer, en s'appuyant sur ses capacités aussi bien nationales qu'internationales, de prévenir et d'alléger en toutes circonstances les souffrances des hommes, de protéger la vie et la santé ainsi qu'à faire respecter toute personne humaine, de favoriser la compréhension mutuelle, l'amitié, la coopération et une paix durable entre tous les peuples ? Suffit-il de parquer les déboussolés dans des camps de réfugiés et leur fournir parfois des aliments à base d'Organe Génétiquement Modifié (OGM) ?

---

[140]RITTER Joachim est né le 3 avril 1903 à Geesthacht dans la province de Hambourg. Il est décédé le 3 août 1974 à Münster. Sa compétence dans le domaine de la philosophie a fait de lui l'un des personnes la plus influentes de la philosophie allemande juste après de la deuxième guerre. Sa passion pour l'histoire de la philosophie lui a permis de rédiger plusieurs travaux dans la droite ligne de Cassier (nom de famille), une œuvre qui prend en considération l'antiquité tout comme le Moyen Âge proche de la Modernité.

[141] RITTER Joachim, *Le droit naturel chez Aristote : Contribution au renouveau du droit naturel*, Archives de Philosophie, 1969, Vol 32. n°3, Juillet-Septembre, pp. 416-457. Disponible sur «https://www.jstor.org/stable/43037288.» [Consulté le 24 octobre 2023]

Répondre à ces interrogations reviendrait à s'exposer aux critiques virulentes. En fait, l'on n'épuiserait pas les contours de ces préoccupations et ne comblerait pas l'attente humaine. En effet, comment comprendre des décennies après la création de la Croix-Rouge en France (le 25 mai 1864), le HCR, au niveau international (le 14 décembre 1950) et de surcroit les multiples résolutions des Nations-Unies, seuls les ressortissants des pays du Sud continuent d'être des réfugiés du fait des conflits armés ? D'un clin d'œil, ne serait-il pas plausible de penser que ces conflits armés soient une variante de l'impérialisme pour prolonger l'hégémonie des puissances étrangères ?

N'est-ce pas aussi que ces différents instruments de préservation du droit de l'homme opèrent à contre sens ? N'est-ce pas encore que la vraie justice est piétinée ? Elle est piétinée lorsqu'on reste dans une vision éthique centré sur l'acte. L'acte qui ne respecte pas assez les styles et les formes de vie qualitatifs, exprimés dans les comportements intimes-relationnels nommés déviants. Apparemment, n'est-ce pas un éloignement d'esprit, en d'autres termes, un refoulement de peur que la reconnaissance de la justice conduirait au relativisme, laxisme, situationnisme c'est-à-dire des préférences ou des envies qui justifient des comportements personnes ? N'y a-t-il pas là parfois une impression que le droit international humanitaire considère les ¨Sinistrés désemparés¨ comme des gamins incapables de s'orienter ? Alors qu'une justice bien saisie ou comprise, qui est au service du droit international humanitaire ne devrait nullement orienter au laxisme et au relativisme. Elle devrait plutôt avoir de la contenance et une vertu qui exprime le respect des réfugiés comme des individus majeurs sensible et capable d'un jugement de conscience. Ces réfugiés aussi veulent se conformer à l'esprit du droit d'une façon qualitative et honnête.

A partir de cet instant, l'on pourrait évoquer la vision nuancée d'une morale qui rend la justice possible et nécessaire. Elle est pour ainsi nécessaire pour l'application concrète de la norme dite générale dans les moments exceptionnels et aussi pour résoudre les questions normes-conflits. Par exemple, la question d'hébergement des réfugiés peut se faire autrement que sous des tentes durant une longue période. Le respect de la personne humaine fait inévitablement appel aux fondements éthique, moral et juridique.

III.1.1.1. Fondement juridique, culturel, éthique et morale du respect de la personne humaine

Il est possible d'admettre des règles (des consensus), mais pour écarter une application perverse de ces normes, le recours à la ¨justice¨ passe pour être évident. Au niveau juridique, au lendemain des guerres, notamment celle dite froide (12 mars 1947 – 26 décembre 1991), le respect de la personne humaine donnait suite à la rédaction de grands textes capables de dénoncer volontiers l'inefficacité, l'ineffectivité et le formalisme. La dignité humaine fait référence au Préambule de la Déclaration universelle des droits de l'homme du 10 décembre 1948[142] issue de l'article 6 de la

[142] NATIONS UNIES. La Déclaration universelle des droits de l'homme [en ligne]. Disponible sur «https://www.un.org/fr/universal-declaration-human-rights/.» [Consulté le 28 octobre 2023]

Déclaration des droits de l'homme et du citoyen de 1789[143]. Celle-ci détermine que tous les citoyens sont admissibles aux dignités, places et emplois publics, selon leur capacité et autre distinction que celle de leurs vertus et de leurs talents.

A travers toute la teneur des normes universelles, le législateur semble ne pas hésiter à mettre l'accent sur l'interaction réciproque de la justice et de la morale. Cette marque dite considération pour le respect de la personne humaine laisse percevoir la nécessaire médiation de la sagesse et de la raison dans l'application des principes généraux. C'est dans cette même vision qu'à l'époque l'Organisation de l'Unité Africaine (OUA) devenue par la suite Union Africaine détermine dans sa Charte des droits de l'homme et des peuples que :

> *«La personne humaine est inviolable. Tout être humain a le droit au respect de sa vie et à l'intégrité physique et morale de sa personne. Nul ne peut être privé arbitrairement de ce droit.»*[144]

Au niveau culturel, l'Afrique exalte dans ce principe juridique, une valeur de ce qui pourrait résulter du trésor culturel. N'est-ce pas que sociologiquement, le respect de la personne humaine ne s'écarte pas de l'approche culturelle. En effet, celle-ci est perçue comme : *«Ce qui est commun à un groupe d'individus» et «ce qui le soude.»* Dans ce canevas, l'institution internationale comme l'UNESCO appréhende :

> *«Dans son sens le plus large, la culture peut aujourd'hui être considérée comme l'ensemble des traits distinctifs, spirituels et matériels, intellectuels et affectifs, qui caractérisent une société ou un groupe social. Elle englobe, outre les arts et les lettres les modes de vies, les droits fondamentaux de l'être humain, les systèmes de valeurs, les traditions et les croyances.»*[145]

C'est à travers le temps par et dans les formes des échanges que ¨ce réservoir commun évolue. A l'évidence, ce ¨réservoir commun¨ se constitue à partir de la façon de penser, d'agir, de communiquer et d'être.

Au niveau de l'éthique, la vie humaine est intangiblement sacrée. Fondamentalement, l'éthique aide à déterminer ce qui est juste et moralement correct. Elle s'érige en absolu voire un impératif dans ce qui devrait être envisagé pour la recherche du bien agir. Tout ceci ne se réfère pas à de petites confusions de sens, cependant, il fait appel à des normes produisant des faits aux effets tangibles. Dans la

---

[143] ELYSEE. La Déclaration des droits de l'homme et du citoyen [en ligne]. 2022. Disponible sur «https://www.elysee.fr/la-presidence/la-declaration-des-droits-de-l-homme-et-du-citoyen#:~:text=Article%206.&text=Tous%20les%20citoyens%2C%20%C3%A9tant%20%C3%A9gaux,vertus%20et%20de%20leurs%20talents.» [Consulté le 28 octobre 2023]

[144] ORGANISATION DE L'UNITE AFRICAINE. Charte africaine de droits de l'homme et des peuples [en ligne]. 1981. Disponible sur «https://au.int/sites/default/files/treaties/36390-treaty-0011_-_african_charter_on_human_and_peoples_rights_f.pdf.» [Consulté le 29 octobre 2023]

[145] UNESCO. A l'horizon/ Un réservoir intarissable : la diversité culturelle au service de l'avenir que nous voulons [en ligne]. Disponible sur «https://www.unesco.org/fr/articles/lhorizon-un-reservoir-intarissable-la-diversite-culturelle-au-service-de-lavenir-que-nous-voulons.» [Consulté le 29 octobre 2023]

logique de l'éthique, la responsabilité d'une action aussi bien qu'une réflexion sur la personne humaine ne saurait écarter tout le corps social. Il est aussi vrai pour tout geste dans le cadre de la souffrance, du décès, pour évoquer l'idée de la compassion, du soutien, d'assistance. Même un regard désabusé à l'égard de sa propre personne pourrait choquer la conscience collective et aller contre l'éthique. Ainsi, l'idée du suicide ne saurait être admise chez personne.

Au niveau de la morale, le respect de la personne humaine met en ¨exergue¨ la notion de la dignité. Celle-ci se comprend aisément dans la perspective de l'impératif catégorique kantien : «*Agis de telle façon que tu traites l'humanité, aussi bien dans ta personne que dans la personne de tout autre.*»[146] Par là, la dignité est vue comme le fait que la personne ne doit jamais être traitée ou être appréhendée seulement comme un moyen, mais toujours aussi comme une fin en soi. Cette explication de la dignité est intimement liée à la notion de personne qui, à son tour, présente des dimensions plurielles tant dans le domaine religieux, juridique et philosophique.

En effet, elle embrasse sans complaisance la problématique de la nature humaine. C'est pourquoi, la doctrine sociale de l'Eglise place au centre de sa réflexion la reconnaissance et le respect de la dignité de la personne humaine. Dans sa Constitution Pastorale dénommée Gaudium et Spes, l'Eglise par l'entremise du Concile Vatican II s'acharne sur la particularité inaliénable de la dignité humaine, tout comme sur l'intime relation spirituelle et corporelle de la personne en lien avec son environnement. Elle fait aussi référence à sa dimension essentiellement sociale et communautaire lorsqu'elle affirme :

> *«Que chacun considère son prochain, sans exception, comme «un autre lui-même» tienne compte avant tout de son existence et des moyens qui lui sont nécessaires pour vivre dignement, et se garde d'imiter ce riche qui ne prit nul souci du pauvre Lazare.»*[147]

Toutefois, en évoquant la question du respect de la personne humaine, la conscience se perd dans la duplicité de certains défenseurs des droits de l'homme. A titre d'illustration, l'ex-Président américain Barack Obama se trouve en porta faux, lorsqu'il a regretté qu'il y ait plus « d'attention » portée autour de la disparition du sous-marin Titan, portant cinq (5) passagers près de l'épave du Titanic que sur les sept cent (700) migrants noyés en Grèce quelques jours auparavant.[148]

---

[146] KANT Emmanuel, *Fondation de la métaphysique des mœurs* – Fondation, Introduction, trad. Alain Renaut, GF Flammarion, 1994, p. 108.

[147] DOCTRINE SOCIALE DE L'EGLISE CATHOLIQUE. Gaudium et Spes. §. 27 [en ligne]. 1965. Disponible sur «https://www.doctrine-sociale-catholique.fr/les-textes-officiels/202-gaudium-et-spes#p27.» [Consulté le 30 octobre 2023]

[148] STANSALL Ben. Barack Obama déplore la trop grande attention portée au sous-marin disparu face aux 700 migrants naufragés en Grèce [en ligne]. CNews. 23 juin 2023. Disponible sur : «https://www.cnews.fr/monde/2023-06-23/video-barack-obama-deplore-la-trop-grande-attention-portee-au-sous-marin-disparu.» [Consulté le 30 octobre 203]

Sans analyse préalable, l'on croirait à un sentiment de compassion pour les migrants. Pourtant, n'est-ce pas lui le fossoyeur de la Libye lorsqu'il fait éliminer physiquement le Président Mouammar Kadhafi ouvrant les portes de la méditerranée aux multiples vagues de migrations vers l'Europe. Ces principes et cette illustration laissent entrevoir que la condition des réfugiés, si elle est plus préoccupante en droit international humanitaire, elle peut-être un objet de récupération à des fins divers.

III.1.1.2. Abus et récupération de la dignité et de l'intégrité personnelle du réfugié

Le texte des assises issu du groupe international ATD Quart Monde[149] en 2003-2004 présente que :

> *«Toute personne, quelle que soit sa position dans la société, a une dignité égale à celle de toute autre personne. Nul ne peut offenser cette dignité sous aucun prétexte. Pour que chacun puisse mener une vie digne, le respect de l'ensemble des droits par tous et pour tous est essentiel... La lutte que les pauvres mènent chaque jour pour résister est au cœur de l'engagement commun... »*[150]

La mention «*Nul ne peut offenser cette dignité sous aucun autre prétexte*»[151] dévoile subtilement l'idée selon laquelle la condition du réfugié présente un caractère de grande vulnérabilité. Dans la plupart des pays d'accueil dits développés, les réfugiés peinent à obtenir des documents administratifs pour jouir leur plein droit. Outre quelques personnes qui bénéficient d'ajustements administratifs, la majeure partie erre dans des activités dégradantes. Cette situation apparemment ne semble pas défavorable à l'élite politique qui pense une récupération pour combler la pénurie de main-d'œuvre qualifiante dans certains secteurs d'activités. Il semble exister un enchevêtrement de droit formel et tacite. Sinon comment expliquer le silence des autorités politiques vis-à-vis de cette masse incalculable de réfugiés, de demandeur d'asile et d'apatride ? Serait-ce au nom du principe du non-refoulement ?[152] Sont-ils sincères, qu'ils n'en tirent aucun profit de la situation malheureuse des réfugiés ?

Dès lors, une légitime préoccupation s'impose. Comment admettre qu'un simple papier devrait légitimer la dignité humaine ? Pourtant, la reconnaissance, la dignité humaine de chaque personne procède par sa seule naissance, l'aide à profiter d'une couverture spécifique contre toute manipulation qui dénote un mépris pour

---

[149] ATD : All Together in Digignity ou Agir Tous pour la Dignité

[150] GODINOT, Xavier. «Dignité, travail et grande pauvreté». OpenEdition Books. p. 157-184. Disponible sur : «https://books.openedition.org/pusl/22788?lang=fr.» [Consulté le 31 octobre 2023]

[151] Idem.

[152] Article 33 de la Convention de 1951 relative au statut des réfugiés interdit le retour des réfugiés et des demandeurs d'asile vers des pays où ils risquent d'être persécutés.

l'humanité de l'individu et qui vise à l'humilier, à le dégrader, en lui déniant de tirer avantage ou de satisfaction de ses droits fondamentaux.[153]

Pour certaines personnes, le travail au noir dans la plupart des pays développés est perçu comme une bonne solution. Les secteurs d'activités tels que le tourisme, la restauration, l'hôtellerie sont le plus souvent les points de chute des réfugiés et le BTP (Bâtiment et les Travaux Publics) en l'occurrence est le champion de France de la fraude.[154] Toutefois, il faut noter par exemple que :

> «*Un tiers des Français auraient eu recours au travail illégal quand il s'agit de faire réaliser des tâches ménagères, de la garde d'enfants ou encore de l'accompagnement aux personnes âgées.*»[155]

Contre toute attente, certaines actions d'atteinte à l'intégrité physique et morale des réfugiés laissent à désirer. Un constat de l'organisme Human Rights Watch dépeint les pratiques de certaines forces de l'ordre qui sont contraires au droit international humanitaire :

> «*A Calais, en particularité les Compagnies républicaines de sécurité (CRS), font un usage courant de gaz poivre sur des migrants, enfants et adultes, alors qu'ils sont endormis, ou dans d'autres situations où ils ne présentent aucune menace; qu'ils aspergent de ce gaz ou confisquent des sacs de couchage, des couvertures et des vêtements ; et que parfois, ils pulvérisent du gaz sur la nourriture et l'eau des migrants. Les policiers perturbent également la délivrance d'assistance humanitaire. Les abus policiers ont un impact négatif sur l'accès aux services de protection de l'enfance et sur la volonté de migrants et leur capacité de déposer une demande d'asile.*»[156]

La condition des réfugiés déconcerte l'esprit humain et va à l'encontre de la dignité humaine. Le temps devrait arriver pour que tant les acteurs de protection du droit des réfugiés que tout le public accompagnent leur semblable sur le chemin d'ouverture à l'humanité. Ils ne devraient pas ignorer les normes du droit international avec abnégation. Dès lors, si l'on se réfère à ce que le Catéchisme de l'Eglise Catholique préconise, une vigilance accrue devrait être placée sur le fait que :

> «*L'imputabilité et la responsabilité d'une action peuvent être diminuées voire supprimées par l'ignorance, l'inadvertance, la*

---

153 CONSEIL DE L'EUROPE. Manuel pour la pratique de l'éducation aux droits de l'homme avec les jeunes. Les droits de l'homme c'est quoi [en ligne]? 2023. Disponible sur : «https://www.coe.int/fr/web/compass/what-are-human-rights-.» [Consulté le 31 octobre 2023]

154 ECONOMIE. «Le travail au noir les secteurs concernés». Ladépêche. 2013. Disponible sur : «https://www.ladepeche.fr/article/2013/12/09/1771087-travail-au-noir-les-secteurs-concernes.html.» [Consulté le 31 octobre 2023]

155 Idem.

156 HUMAN RIGHTS WATCH. C'est comme vivre en enfer. Abus policiers à Calais contre les migrants, enfants et adultes [en ligne]. 2017. Disponible sur : «https://www.hrw.org/fr/report/2017/07/27/cest-comme-vivre-en-enfer/abus-policiers-calais-contre-les-migrants-enfants-et.»[Consulté le 1 novembre 2023]

violence, la crainte, les habitudes, les affections immodérées et d'autres facteurs psychiques ou sociaux.»[157]

Par conséquence, sans nier la valeur du droit international humanitaire, il faudrait accompagner les réfugiés avec bienveillance et patience. Il faudrait également être attentionné aux différentes étapes possibles de croissance des personnes qui se construisent progressivement. Par cette façon de faire, l'humain sera vu comme principe noétique du droit et non le contraire.

III.1.2. L'humain comme principe noétique du droit

Il parait judicieux en abordant cette analyse de mettre de prime abord l'accent sur le mot noétique. Ce terme dérive du grec, *noèse* (processus conscient du travail cérébral). C'est l'acte de pensée, pour la phénoménologie.[158] Elle se projette comme une branche des philosophies métaphysiques et de l'esprit qui réfléchissent sur l'intellect et la pensée.[159] Si l'on s'en tient aux multiples approches définitionnelles du concept, celle du philosophe Edmund Husserl[160] parait convenable pour l'élaboration de cette dissertation. Pour ce penseur, cette conception implique une exploration intuitive de la conscience rationnelle. En insistant sur ce terme, la réflexion portée sur le droit international humanitaire voudrait relever la nuance existentielle de la pensée et de l'action. Cela amène à poser le postulat qui fait la règlementation en matière d'action internationale humanitaire. Cette démarche à suivre consiste pour ainsi dire à la justification de la problématique réfugiés et droit. C'est donc l'application de la réflexion pure de l'épreuve dialectique comme méthode bien connue pour la mise en question des opinions reçues. Laquelle réflexion est capable de se débarrasser des difficultés qu'elles révèlent et produire à partir d'elle-même de quoi retenir.

III.1.2.1. Au-delà des codes et de la narration juridique

L'au-delà des codes dénote l'urgence et la capacité d'action parallèlement aux normes juridiques. De plus en plus, l'interprétation des lois tout comme des résolutions se fige irrémédiablement sur les textes plutôt que sur leurs valeurs intrinsèques. Cette manière de s'accommoder aux vecteurs juridiques le plus souvent est hostile aux intérêts de la personne humaine notamment aux réfugiés. En effet, dans ¨l'impasse temporaire¨ du réfugié, les besoins sont d'une ampleur incommensurable. C'est pourquoi, les codes et la narration juridique devraient sortir de la diplomatie prospective pour s'installer dans la diplomatie réactive.

La raison de ce schéma se situe au niveau du fait qu'en réalité, aucun principe à caractère prospectif ne peut être revendiqué comme ¨la¨ solution. Autrement

[157] CATECHISME DE L'EGLISE CATHOLIQUE. n° 1735. p. 437.

[158] Le Petit Larousse, En couleurs, Larousse, Paris, 2010.

[159] Aristote, *De l'âme*, Traduction inédite, présentation, notes et bibliographie par Richard Bodéüs, Flammarion, GF 711, 1993.

[160] HUSSERL Edmund est probablement né le 8 avril 1859 et mort le 26 avril 1938. D'origine autrichien, il est le pionnier de la phénoménologie qui durant des siècles a connue une influence capitale sur plusieurs courants de pensées.

l'accommodage des solutions pouvant satisfaire les déconcertés sont loin d'être des avantages. Dans la perspective d'un droit authentiquement humanitaire et véritablement soucieux de la condition du réfugié, la réinstallation de ces derniers dans leur condition initiale, voire améliorée devrait être la préoccupation primordiale. Aussi, face à leur précarité déshumanisante, des actions concrètes et urgentes devraient être envisagées pour la réparation des dommages notamment en contexte de guerre.

Depuis longtemps, la condition des réfugiés bénéficie seulement de moyens de nature provisoire. Pourtant, à l'analyse approfondie c'est presque les efforts de toute une vie qui s'effondre dans des violences délibérées. A priori, la Déclaration Universelle des droits de l'homme du 10 décembre 1948 n'aménage aucun intérêt faisant mention de la ¨non-violence¨. Pourtant, celle-ci mise en ¨synergie¨ avec l'éthique des droits de l'homme stimule une éthique analogue. Laquelle favorise le respect et la dignité de tout individu. La légitimité de la non-violence[161] est d'éveiller de part en part l'action non-violente pour susciter les droits humains.[162] A contrario, des dispositions rigoureuses devraient faire force de lois. Jamais aucune pression sévère de la communauté internationale n'est faite sur les belligérants et sur une nation pour réparer les injustices commises. Toutefois, le cas de l'Ukraine sort de nulle part.

Sans prétendre valider l'idée selon laquelle les avoirs de la Russie bloqués dans les banques européennes devraient servir pour la reconstruction de l'Ukraine en termes de dommages causés[163] ; A titre d'exemple, cette intention serait jurisprudentielle pour toute victime des guerres. C'est dire que l'intérêt supérieur des victimes de toutes atrocités délibérées devrait être l'objet de réparation intégrale. De la sorte, les conflits armés et les attaques délibérées de hautes intensités ne connaitront-ils pas une décroissance considérable ? Longtemps, le droit international humanitaire semble être peu déterminé en matière de protection des droits de l'enfant, de la femme, du vieillard, du malade et de l'homme.

III.1.2.2. La figure de l'enfant, de la femme, du vieillard, du malade, de l'homme, ...

La ¨figure¨ de l'enfant, de la femme, du vieillard, du malade, de l'homme tracent en quelque sorte l'itinéraire éthique déterminée par l'axe déductif, sans ignorer l'axe inductif dans cette recherche. Aussi, en prenant pour aphorisme ces différentes figures, c'est la dimension anthropologique et éthique de la personne humaine objet du droit international humanitaire qu'est placée en exergue.

Ces figures intrinsèquement précisent la personne qui revêt un caractère objectif c'est-à-dire irrévocable. Il a pour conséquence la jouissance des droits de la

---

[161] La «Non-violence» est un mot anglais créé en 1920 par Gandhi, puis utilisé notamment dans le monde francophone, à partir de 1921, grâce à Romain Rolland puis Louis Massignon. «Non-violence» est la traduction, par Gandhi, du terme sanscrit ahimsa (a-privatif et himsa, «nuisance», «violence.» Cf. VAILLANT, François. La non-violence. Droit humain : Domuni-Universitas. Belgique, 2022, 40 p.

[162] Idem.

[163] AFP. La reconstruction de l'Ukraine aura un coût astronomique : 750 milliards de dollars [en ligne]. 2022. Disponible sur : «La reconstruction de l'Ukraine aura un coût astronomique : 750 milliards de dollars (latribune.fr).» [Consulté le 07 novembre 2023]

personne qui n'est pas conditionnée par l'attitude des Etats à l'égard des moyens juridiques qui les définissent. Au nom des droits liés à la personne, aucune puissance fut-elle l'Etat ne peut prévaloir de compétence susceptible de conférer d'autres obligations en matière du principe de l'interdépendance. Par conséquent, sur la base de l'identité dite universelle de la personne humaine et de l'égalité de tous les êtres humains, l'Etat dispose la compétence pour déférer des obligations.

En toute circonstance, la personne humaine au travers de ces figures, n'est pas à la remorque du droit mais la source du droit. C'est pourquoi l'idée selon laquelle le droit international humanitaire est fondé sur le principe de la protection de la population civile demeure la principale. En effet, les civils qui ne participent pas aux conflits ne devraient pas faire objet d'attaques. Aussi, ils doivent être protégés. La Convention précise à cet effet que :

> *«Toues les personnes se trouvent aux mains de l'ennemi soient traitées avec humanité, sans aucune distinction de caractère défavorable. La torture, les traitements cruels, humiliants et dégradants, les prises d'otages et les procès inéquitables.»*[164]

La personne humaine, en tant que de donnée fondateur, cette norme est une source de sens pour le temps passé, aujourd'hui et toujours. Le texte parle pour lui-même avec sa spécificité anthropologique, éthique et juridique. Il met en avant sa signification authentique, sans prétendre édulcorer ni simplifier la portée du droit lié ontologiquement à la personne humaine. Il n'y a pas un au-delà de cet article (3) de la Convention de Genève de 1948. La vérité sur l'expression protection des civils sublime non pas l'article ni le droit en général mais son objet qu'est la personne humaine.

Toutefois, cette personne humaine a la figure de l'enfant, de la femme, du vieillard, du malade, de l'homme. Ce n'est donc pas seulement un texte juridique fermé, mais une ouverture exigeante et dynamique qui suscite de la réflexion à partir de sa propre circonspection. C'est dire que l'accent est placé sur la prudence avec laquelle les actes et les paroles sont agencés à l'endroit de la personne humaine. Dès lors, la réflexion devrait se porter non pas sur la ¨différence¨ ni sur le concept du réfugié mais sur la personne humaine. En contexte Israélo-palestinien, la problématique de la personne se pose avec acuité. Le rapport Agence France Presse (AFP) indique la catastrophe humanitaire qui prévaut du côté des Palestiniens :

> *«Depuis le début de la guerre, plus de 1400 morts ont été dénombrés par les autorités israéliennes, dont la plupart le 7 octobre, jour de l'offensive du Hamas. Entre le 7 et le 30 octobre, près de 8.006 Palestiniens ont été tués dans les bombardements massifs de l'armée israélienne, dont 41,5% d'enfants, selon un rapport publié lundi par*

[164] CIRC. Les Convenions de Genève de 1949 et leur Protocoles additionnels. Article 3 [en ligne]. 2010. Disponible sur : «Les Conventions de Genève de 1949 et leur Protocoles additionnels - CICR (icrc.org).» [Consulté le 11 novembre 2023]

l'Organisation mondiale de la santé (OMS), reprenant les chiffres du ministère de la Santé occupé par le Hama à Gaza. Ce chiffre est monté à 8.796 morts, selon un dernier bilan du ministère.»[165]

Comment est-il possible d'admettre un tel rapport de force hyper déséquilibré ? Surtout quand il s'agit de massacre en zone de réfugié :

«Le ministère de la Santé du Hama a annoncé mercredi qu'un nouveau bombardement de l'armée israélienne avait tué « des dizaines » de personnes dans le camp de réfugiés de Jabaliya, dans la bande de Gaza, déjà a visé la veille par une frappe meurtrière. Selon ce ministère, il y a eu « des dizaines de martyrs et de blessés dans un bombardement» mercredi par l'armée israélienne dans ce camp de réfugiés. Si aucun bilan de source indépendante n'était possible dans l'immédiat, la frappe a provoqué d'énormes destructions, selon des images de l'AFPTV.»[166]

A travers ces faits, toute idée de précaution employée parfois à excuser des actes répréhensifs de la guerre, quand on évoque des victimes collatérales face à un objectif légitime est une ¨parodie¨[167]. La question n'est pas de s'interroger sur l'objectif de la guerre mais les moyens de la guerre. Même dans la légitime défense, il ne s'agit pas de droit indiscriminé à menacer et à tuer des populations civiles. Souvent ces moyens sont disproportionnés. La conscience humaine dans ces cas de figures devrait s'interroger sur l'enjeu comme valeur universelle, seul gage pour une sortie heureuse permettant d'éviter une crise humanitaire. Parce que la personne ne pourrait être détournée de la raison principale du droit international humanitaire et la Déclaration universelle des droits de l'homme. Ceci implique que la désobéissance aux normes du droit international humanitaire présuppose la perturbation de l'ordre social qui détruit les principes du droit de l'homme susceptible de purifier et de l'élever au niveau d'une ¨culture humaine¨.

III.1.2.3. L'inadéquation du droit international humanitaire aux droits de l'homme

Il incombe entièrement à la créativité et à la liberté humaine d'établir ce qui est bien. C'est à l'homme d'établir qui est légale et légitime. Le droit international humanitaire et les droits de l'homme jouent un rôle primordial dans la mesure où ils présentent des propositions, dénouements issus du bon sens. Des dénouements vérifiés

---

[165] MONDE. Conflit israélo-palestinien : « des dizaines » de morts et blessés dans la nouvelle frappe à Jabaliya Israël annonce que «le Hamas a le choix entre mourir ou se rendre sans condition » [en ligne]. 2013. Disponible sur : «Conflit israélo-palestinien : « des dizaines » de morts et blessés dans la nouvelle frappe à Jabaliya, Israël annonce que « le Hamas a le choix entre mourir ou se rendre sans condition » (sudinfo.be).» [Consulté le 12 novembre 2023]

[166] Ibid.

[167] L'emploi du terme de ¨parodie¨ détermine dans ce conteste une imitation burlesque d'un sujet sérieux. L'on imite dans le but de faire marrer en grossissant les traits de ce qu'on imite en mettant en cène les personnages maladroits pour montrer un peu le caractère comique de la situation à présenter.

de ce que l'être humain a élaboré de bien en matière du savoir vivre et du vivre ensemble. C'est dans cette perspective que Charte des Nations Unies mettait tout en œuvre pour empêcher les conflits armés. A cette fin, Elle élabore des dispositifs normatifs (les articles) qui limitent de façon rigoureuse le droit des Nations membres à tirer parti à la force des armes entre les Etats. Aussi, un dispositif Institutionnel (Conseil de sécurité) dont les missions consistent à maintenir ou à rétablir la paix et la sécurité internationales. Ses droits se trouvent précisés dans le chapitre VII de la Charte des Nations Unies : «*Action en cas de menace contre la paix, la rupture de la paix et d'acte d'agression (Art. 39-51).*»[168] Par ailleurs, la Charte détermine, que :

> *«Les Membres de l'Organisation s'abstiennent, dans leurs relations internationales, de recourir à la menace ou à l'emploi de la force, soit contre l'intégrité territoriale ou l'indépendance politique de tout Etat, soit de toute autre manière incompatible avec les buts des Nations Unies.»*[169]

Depuis 1945, le recours à la force des armes n'est plus en principe acceptable pour le règlement des différends entre les Etats. La guerre est interdite par la Charte des Nations Unies en bonne et du forme. Est-ce moins sage de rester ferme à cette disposition pour le bonheur de tous? Si le droit international humanitaire s'impose en contexte de conflit armé, les principes des droits de l'homme sont quant à eux dans une dynamique quotidienne.[170] Ce qui suppose que si le droit international humanitaire et les droits de l'homme sont distincts, ils restent pourtant intimement liés, voire complémentaires en situation de conflits armés. Leurs champs d'expression concernent les questions de la santé, de la dignité et de la protection de la vie.

Toutefois, à l'opposé de ces enjeux humanitaires, l'ambigüité d'une possibilité pour le droit à la guerre[171] ou droit des gens, comme l'indique le nom traditionnel du droit international humanitaire reste une problématique. Aussi vrai, qu'un ensemble de règles circonscrit les effets des conflits armés, notamment du côté des populations et des installations civiles, les réfugiés, les prisonniers de guerre, ainsi que les armes de guerre et les moyens, la situation réelle des civils reste inquiétante. Apparemment, le droit à la guerre semble être mieux protégé que le sort des populations et de leurs biens. Par exemple, après avoir largué près de quatre vingt (80) millions de litres d'herbicides contenant de la dioxine pour défolier la végétation du Viêt-Nam et les conséquences néfastes sur la population, le gouvernement américain s'apitoie plus sur les chiffres des victimes avancé par le gouvernement Viêt-Nam et la Croix Rouge que

---

[168]NATIONS UNIES. Paix, dignité et égalité sur une planète saine. Chapitre VII. Article 39-51 [en ligne]. Disponible sur : «https://www.un.org/fr/about-us/un-charter/chapter-1.» [Consulté le 15 novembre 2023]

[169] Ibid.

[170] CICR. Droit international humanitaire et droits de l'homme [en ligne]. 2010. Disponible sur : «https://www.icrc.org/fr/document/dih-droits-homme#:~:text=Le%20droit%20humanitaire%20s'applique,appliquent%20dans%20les%20conflits%20arm%C3%A9s.» [Consulté le 14 novembre 2023]

[171] Les Conventions de la Haye de 1899 et de 1907.

sur l'utilisation d'herbicides chimique.[172] Après les Conventions de Genève de 1949, plusieurs crimes ont été commis ? Le tableau ci-dessous illustre en parti tous les efforts presque vains des Conventions.

Guerres	Années	Auteurs de crimes	Victimes	Nombres	Lieux
Corée	1950	Américains et forces de l'ONU[173]	Les réfugiés du sud-coréens (femmes, enfants et vieillards)	Plus de 163 morts ou disparus et 55 blessés.	Nogun-Ri
Corée	25 juin 1950-27 juillet 1953	Américains[174]	Population et patriotes	Au moins 30	Le comté de sichon, province du Hwanghae du Sud
Viêt-Nam	1963-1971	Américains[175]	Déversé et largué près de 80 millions de litres d'herbicides contenant de la dioxine sur les jungles	4 millions de personnes exposées au défoliant 3 millions de personnes malade à cause de l'agent orange[176]	Viêt-Nam
Yougoslavie	1999	Américains et L'OTAN	Human Rigth estime les morts à 489.528 [177]	3500 vols, 79000 tonnes d'explosifs, 37 400 bombes à fragmentation	Yougoslavie
Contre le terrorisme	Dès le 11 septembre 2001	Américains	Technique d'interrogatoire : Les prisonniers sont abusés sexuellement, torturés, violés, sodomisés, et exécutés	De 2001 à 2008 779 personnes sont détenues dans les prisons de Guantanamo.[178]	Abou Ghraib

[172]KING, Jessica. «Les Etats-Unis tentent de nettoyer l'agent orange au Viêt-Nam». CNN. 2012. Disponible sur : «https://edition.cnn.com/2012/08/10/world/asia/vietnam-us-agent-orange/». [Consulté le 17 novembre 2023]

[173] MONNERAT, Ludovic. «Les Etats-Unis accusés de massacre de réfugiés durant la guerre de Corée». Ap et AFP. 1999. Disponible sur : «http://www.checkpoint-online.ch/CheckPoint/Histoire/His0002-MassacresUSCoree.html». [Consulté le 17 novembre 2023]

[174] ARCHIVES WIKIWIX . Célébration du 50ème anniversaire du musée Sinchon [en ligne].2008. Disponible sur : «https://archive.wikiwix.com/cache/index2.php?url=http%3A%2F%2Fwww.kcna.us%2F2008%2F03%2F28%2Fnews-08%2F#federation=archive.wikiwix.com&tab=url». [Consulté le 17 novembre 2023]

[175] RADIOFRANCE. Homme contaminé nature polluée (1/4) : « Guerre et crime de guerre au Viêt-Nam» Documentaire francophone [en ligne].2012. Disponible sur : «https://www.radiofrance.fr/franceculture/podcasts/sur-les-docks/hommes-contamines-nature-polluee-1-4-guerre-et-crimes-de-guerre-au-viet-nam-documentaire-francophone-4370140 ». [Consulté le 17 novembre 2023]

[176] WASHINGTONPOST.COM. L'agent orange hante toujours le Viêt-Nam et les Etats-Unis [en ligne]. 2007. Disponible sur : «https://web.archive.org/web/20170330083914/http://www.washingtonpost.com/wp-dyn/content/article/2007/06/14/AR2007061401077_4.html ».[Consulté le 17 novembre 2023]

[177] HUMAN RIGTHS. «La République fédérale de Yougoslavie. Abus contre les Serbes et les Roms au nouveau Kosovo». Archives Wikiwix.1999 /11 n° 10 (D). Disponible sur : «https://archive.wikiwix.com/cache/index2.php?url=https%3A%2F%2Fwww.hrw.org%2Freports%2F1999%2Fkosov2%2F#federation=archive.wikiwix.com&tab=url». [Consulté le 17 novembre 2023]

[178] THE NEW YORK TIMES. «Dossier Guantanamo» Archives Wikiwix.2021. Disponible sur : «https://archive.wikiwix.com/cache/index2.php?url=http%3A%2F%2Fprojects.nytimes.com%2Fguantanamo#federation=archive.wikiwix.com&tab=url». [Consulté le 17 novembre 2023]

L'adage dit à juste titre, quand il précise qu' «*On ne peut pas faire des omelettes sans casser les œufs.*» Quelle autre interprétation peut être audible lorsque les Conventions de Genève de 1949 recommandent d'œuvrer pour un peu d'humanité au plus fort des agressivités[179] ? Autrement, que peut-on comprendre au travers des Conventions, lorsque les Nations du monde demandent de limiter les conséquences néfastes des conflits armés sur les Etats, les populations, les individus et les biens privés et nationaux ? Est-ce à dire qu'il est possible de compromettre la vie des populations, des individus, de détruire les biens privés et nationaux à condition que les dégâts soient en nombre réduits ?

Nonobstant tout ce que l'on peut imaginer, la Charte des Nations Unies semble se situer en position hypothétique, laissant les guerres foisonnées de plus belle en ce XXIème siècle. En effet, un certain nombre d'Actes de caractère juridique et ubuesque favorisent les actions belliqueuses avec leur cortège de misères, de destructions de biens privés et étatiques, de meurtres, etc. Parmi ces Actes l'on peut énumérer :

- La Charte de l'ONU facilite les Etats membres à recourir à la force en cas d'action collective pour instaurer ou réinstaurer la paix et la sécurité internationales (Chapitre VII).
- La Charte de l'ONU n'empêche pas de faire usage de la force des armes en contexte de conflits armés internes (Art. 43 §. 1)
- Sans référence à la Charte de l'ONU, les guerres internes et entre Etats n'ont jamais cessé dans le monde entier (action du mimétisme).
- La Charte de l'ONU n'a pas éradiqué totalement le libre arbitre des nations de recourir à la force des armes. En contexte conflictuel, les nations disposent le droit de riposter individuellement ou collectivement pour défendre l'intégrité territoriale.
  «*Aucune disposition de la présente charte ne porte atteinte au droit naturel de légitime défense, individuelle ou collective, dans le cas où un membre des Nations Unies est l'objet d'une agression armée, jusqu'à ce que le Conseil de sécurité ait pris les mesures nécessaires pour maintenir la paix et la sécurité internationales.*» (Art. 51)
- La Charte de l'ONU se contredit du moment où, elle permet à la Chine, les Etats-Unis, le Royaume-Uni et la Russie d'utiliser le droit de veto. Lequel droit leur permet de bloquer toute résolution ou décision du Conseil. (Art. 27)
- La Charte de l'ONU au lendemain de son adoption le 26 juin 1945 n'a pas systématiquement aboli la colonisation au nom de l'unité et la paix dans le monde.

Au regard de tout ce qui précède, la guerre semble être inévitable. L'approche conceptuelle du Général Carl Von Clausewitz trouve à cet effet tout son sens lorsqu'il mentionne que : «*La guerre est la continuation de la politique par d'autres*

[179] Conventions de Genève IV. Protection des civils notamment en territoire occupé. Art. 3.

moyens.»[180] Par là, il faudrait entendre que la violence s'érige donc en un outil indispensable de la politique pour arriver à ses fins. Evidemment, si elle passe pour être le dernier recours d'une stratégie plus englobant, c'est-à-dire assemblant divers moyens d'action, la finalité du stratège n'est autre chose que de faire valoir à tout prix son désir ultime. Les exemples les plus pertinents sont l'implication des Etats-Unis et l'OTAN dans le bombardement de l'Afghanistan (7 octobre 2001), dans les guerres de l'ex-Yougoslavie (24 mars 1999), de la Lybie (2011), de l'Irak (le 19 mars 2003) et de l'armée française en Côte d'Ivoire (le 4 avril 2011). Toutes ces interventions militaires se sont réalisées au mépris du droit international et du droit international humanitaire.

Malgré la raison d'être du droit international humanitaire exprimé par les Conventions de Genève depuis 1949 et leurs Protocoles additionnels de 1977, sans ignorer d'importantes normes de droits coutumiers, les conflits armés endeuillent, déstabilisent et déplacent de nombreuses populations. Cette triste situation laisse pressentir que le Droit international humanitaire non seulement est presqu'un opium, mais également, incapable de répondre aux préoccupations existentielles des victimes. Aussi les droits de l'homme, dont la signification réelle est constamment détournée, passent pour être un instrument d'aliénation à la disposition de l'impérialisme. Les exactions criminelles des puissances étrangères éhontées dans les Etats en développement ne sont ni à l'ordre du jour à l'Assemble générale des Nations unies, ni condamnées par la Cour Pénale Internationale (CPI).

La guerre n'est pas un film hollywoodien où les acteurs réapparaissent sur des plateaux télévisés pour commenter les objectifs visés. Les pertes en vies humaines pendant les guerres sont incommensurables, irréparables, les réfugiés sont marqués à jamais et les destructions des biens matériels dégradent le niveau de vie des populations.

Pour des actions plus dynamiques, holistiques et efficace, le droit international humanitaire devrait connaitre des reformes structurelles pour restaurer l'équilibre du monde. L'ex Président américain John Fitzgerald Kennedy (20 janvier 1961-22 novembre 1963) ne semble pas se tromper lorsqu'il dit : «*L'humanité devra mettre un terme à la guerre ou la guerre mettra un terme à l'humanité.*»[181] ? En conséquence, les droits international et humanitaire méritent d'être repensés en termes de bien commun intrinsèquement inclusif, juste et indépendant.

---

[180] BEAUFRE André, *Introduction à la stratégie*, Armand Colin, Paris, 1963, p. 35.

[181] LIGUE DES DROITS DE L'HOMME. John Kennedy/ Discours ONU. Le 25 septembre 1961 [en ligne]. 2022. Disponible sur : «https://site.ldh-france.org/bourg-en-bresse/lhumanite-devra-mettre-un-terme-a-la-guerre-ou-la-guerre-mettra-un-terme-a-lhumanite-john-kennedy-discours-onu-le-25-septembre-1961/». [Consulté le 18 novembre 2023]

III.2. Enjeux des Droits International et Humanitaire comme espace de fraternité authentique et universelle

L'analyse de la condition du réfugié et la portée de la responsabilité des droits international et humanitaire dans les étapes antérieures, excite l'esprit critique. Elle approfondit désormais l'idée du réfugié et son rapport avec les idéaux internationaux à partir de leur ancrage ontologique. Le point de départ de cette entreprise reste foncièrement l'égalité entre les ¨Hommes¨[182] et l'¨Homme¨ comme allié indispensable pour la survie de l'espèce humaine. Deux idées majeures déterminent cette réflexion. D'une part, un nouveau paradigme de droit structurant l'¨Homme¨ et sa responsabilité devrait être repensé. D'autre part, celui-ci devrait s'inscrire dans une démarche prévisionnelle et écologique.

III.2.1. Repenser un modèle pertinent et structurant les droits et la responsabilité humaine

Le droit international, tel que ses limites ont été en partie présentés (III.1.2.3), revêt entre autres un caractère pervers et effroyable en matière de protection de la personne humaine et des relations interétatiques. A des niveaux divers, il existe une réelle crise multilatéralisme (sécurité, santé, commerce, migration, justice pénale internationale, droit de l'homme, désarmement, climat, conflits, etc.) en face d'une attente parfois énorme dans le contexte actuel très dynamique. Lequel contexte, qui n'échappe pas à la divination d'analyse politique. A titre d'illustration, Donal Trump critiquait sévèrement les institutions internationales. Il menaçait de retirer la participation des Etats-Unis aux différents accords et organisations (Le Conseil des droits de l'homme de l'ONU, l'UNESCO, l'OMS, OMC, l'OTAN, l'accord de Paris sur le climat, l'accord de Vienne sur le nucléaire iranien, le partenariat transpacifique, le traité de libre-échange en Asie-Pacifique, l'Alena, l'accord de libre-échange Nord-américaine, l'aide internationale aux femmes[183]). Quant à Emmanuel Macron, il n'a pas hésité un instant à affirmer que : «*L'OTAN est en état de mort cérébrale.*»[184] Le Président Ivoirien Alassane Dramane Ouattara pour sa part rejette systématique la décision de la Cour africaine des droits de l'homme. Ainsi peut-on constater que :

---

[182] Le terme générique Homme ici est employé pour désigner l'humanité tout entière. Toutefois, il ne faudrait pas perdre de vue que des débats ont récemment été engagés pour réclamer l'usage de l'humain comme droits humains pour toutes et tous. En effet, un collectif de militant(e)s d'universitaires et de responsable politiques dénonce l'idée qui est à la base de la traduction de «Human rights» en lieu et place de «droits de l'homme». Pour ces derniers, le masculin l'emporterait sur le féminin pour désigner l'universalité. Ainsi donc, ils poussent les institutions à remplacer par exemple «droits de l'homme» par «droits humain».

[183] LEMONNIER, Luc. CANTTIE, Valérie. «Les six organisations et accords internationaux que Donal Trump a reniés en moins d'un an». 2017. Disponible sur : «https://www.radiofrance.fr/franceinter/les-six-organisations-et-accords-internationaux-que-trump-a-renies-en-moins-d-un-an-2810317». [Consulté le 29 novembre 2023]

[184] TELLENNE, Cédric. «L'OTAN est en état de mort cérébrale». Cairn.info. 2023/ p. 211-221. Disponible sur : «https://www.cairn.info/idees-recues-sur-la-geopolitique-et-la-geoeconomie--9791031806136-page-211.htm». [Consulté le 29 novembre 2023]

«La Côte d'Ivoire prend ses distances avec la Cour africaine des droits de l'homme. Elle lui a retiré sa reconnaissance de compétence. En clair, aucune ONG, aucun individu, ne peut porter plainte contre le pays devant cette Cour.»[185]

Dans l'intérêt du réfugié ivoirien, il va sans dire que, personne ne peut porter de plainte contre l'autorité de l'Etat qui se veut totalitaire. Cette mesure ivoirienne est contraire aux principes de la Cour Africaine des Droits de l'Homme et des Peuples.[186] A la lumière de ces caprices de nature à saper toute diplomatie, certaines autorités politiques mettent les droits international et humanitaire en situation de déliquescence. L'on est là en face d'une question très préoccupante pour l'avenir du monde. De toute évidence, les droits internationaux ne sont pas à l'abri du caractère nihilisme des politiques. A travers cette désorientation politique et diplomatique le véritable engagement pour la recherche de sens peut s'éclairer.

III.2.1.1. Du nihilisme à l'engagement pour la recherche de sens

La notion du nihilisme dans la perspective politique s'avère subjective et négligeable. Pourtant, c'est un aspect indispensable à tout échec pour l'éclosion d'un monde humanisé. Le nihilisme est le fait d'un jugement indépendant. Pour le nihiliste, toute signification aussi bien que toute morale comme vérité est illusoire. Dans cette situation réelle, la vie échappe au sens intrinsèque ou absolu. De façon manifeste, dans la conception du nihiliste les normes et les principes universels sont relatifs et subjectifs. L'on peut comprendre alors pourquoi le nihiliste pourrait reconsidérer de manière rigoureuse toutes les dispositions religieuses, politiques, culturelles et sociales. A la limite du possible le nihilisme pourrait se guider vers une posture confuse voire désordonnée et dévastatrice.

Selon Leo Strauss[187] : *«Un nihiliste est un homme qui connaît les principes de la civilisation, ne serait-ce que d'une manière superficielle. Un homme simplement non civilisé, un sauvage n'est pas un nihiliste.»*[188] Strauss montre au travers de sa pensée que le nihiliste abandonne en quelque sorte le droit naturel classique pour s'ouvrir directement à la voie du totalitarisme et de la tyrannie. Face à une telle approche, le politique nihiliste est souvent confronté aux oppositions farouches qui

---

[185] DEVEAUX, Jacques. «La Côte d'Ivoire ne reconnaît plus la compétence de la Cour africaine des droits de l'homme». FranceInfo. 2020. Disponible sur : «https://www.francetvinfo.fr/monde/afrique/cote-d-ivoire/la-cote-d-ivoire-ne-reconnait-plus-la-competence-de-la-cour-africaine-des-droits-de-l-homme_3941733.html». [Consulté le 29 novembre 2023]

[186] PROTOCOLE PORTANT STATUT DE LA COUR AFRICAINE DE JUSTICE ET DES DROITS DE L'HOMME. Art. 28c [en ligne]. Disponible sur : «https://www.peaceau.org/uploads/protocol-on-the-merged-court-fr.pdf». [Consulté le 29 novembre 2023]

[187] Léo Strauss est né le 20 septembre 1899 à Annapolis et mort le 18 octobre 1973 dans le Maryland (Etats-Unis). De parents Juif, il est un philosophe et un historien de la philosophie juif allemand du XXème siècle. Depuis 1937, il était basé aux Etats-Unis. En tant que philosophe politique, ses thèses se structurent sur les questions de l'art d'écrire des philosophes. Il va contre les idées classiques et modernes du droit naturel qui objectent ouvertement les sciences contemporaines.

[188] STRAUSS Léo, Nihilisme et politique Payot-Rivages poche/Petite Bibliographie, n° 40, 2005. Disponible sur : «http://belcikowski.org/la_dormeuse/nihilisme_et_politique.php». [Consulté le 02 décembre 2023]

aboutissent aux conflits armés. Lesquels conflits provoquent des vagues migratoires de réfugiés.

La conscience de cette situation devrait conduire à la recherche de sens. La fraternité éthique et universelle en est une. Les droits internationaux en tant que repère des Etats relèvent de la fraternité universelle. En référence au préambule de la Charte des Nations Unies, la mention dignité et égalité découlant des droits fondamentaux conduit inexorablement à la construction d'une fraternité universelle. A cet effet, il est établi que :

> *« Nous, Peuples des Nations Unies résolus à préserver les générations futures du fléau de la guerre qui, par deux fois en l'espace d'une vie humaine, a infligé d'indicibles souffrances à proclamer à nouveau notre foi dans les droits fondamentaux de l'homme, dans la dignité et la valeur de la personne humaine, dans l'égalité de droits des hommes et des femmes, ainsi que des nations, grandes et petites, à créer les conditions nécessaires au maintien de la justice et du respect des obligations nées des traités et autres sources du droit international, à favoriser le progrès social et instaurer de meilleures conditions de vie dans une liberté plus grande, ... »*[189]

De ce paragraphe, il ressort succinctement et subtilement les éléments constitutifs pour une communion universelle. La communion ou fraternité universelle est caractérisée par la liberté, égalité et la fraternité. Les composantes de cette universalité formant une trilogie ne sauraient être séparées ou hiérarchisées. En effet, la liberté ne peut être pensée en dehors de l'égalité et de la fraternité et vice-versa.

Or, à vrai dire, dans le préambule de la Charte de l'ONU, la fraternité reste à supposer. Elle est présente de manière implicite. Cette légèreté dans la formation d'une Unité des Nations du moins des Nations Unies est la conséquence d'une infertilité à ce jour incontestable. Pourtant la fraternité reste un droit fondamental de l'homme. La constance du politique nihiliste peut-elle être d'actualité dans ce sens ? Chaque Peuple ne devra-t-il pas alors concourir au bien commun en s'entraidant ¨fraternellement¨ les uns les autres «A *favoriser le progrès social et instaurer de meilleurs conditions de vie dans une liberté plus grande»*[190] *?* Légitiment l'idée d'entraide mérite d'être considérée du fait qu'elle est à l'intervalle de l'humanité (comme charité) et de la domination.

Au nom de la fraternité humaine universelle, la ¨paix¨ se construit dans ¨l'unité¨. Telle devrait être l'aspiration profonde de l'ONU. Nul homme ne saurait s'inspirer de l'antique alibi qui le désolidariserait de son frère : «*Suis-je le gardien de mon frère ?*» (Gn 4, 9). Par la fraternité humaine universelle nous somme tous frères et sœurs et par conséquent gardiens les uns des autres. L'individu, par ce fait, est

---

[189] NATIONS UNIES. La Charte des Nations Unies [en ligne]. Disponible sur : «https://www.un.org/fr/about-us/un-charter». [Consulté le 4 décembre 2023]

[190] Ibid. Préambule de la Charte des Nations Unies.

¨*concerné par l'altérité d'autrui*¨[191] Cela ne vaudrait-il pas au préalable pour notre essence humaine avant tout autre chose comme nos actions ? L'individu ne se découvre-t-il pas en l'état de frère d'une part et d'autre part d'agir comme tel ? Les préoccupations qui donneraient à réfléchir sont les suivantes : Pourquoi toute personne éprouve-t-elle un sentiment de pitié face à situation violente et anormale ? Pourquoi la peine de mort devrait être abolie ? Pourquoi un accidenté devrait bénéficier de la compassion et de l'assistance du passant ? Le livre du Lévitique (19,18) martèle la conduite irréprochable de tous en termes d'impératif catégorique lorsqu'il dit : «*Tu aimeras ton prochain comme toi-même.*»

Dans la déclinaison du parallélisme des formes, la parabole du bon Samaritain s'érige en un leitmotiv du savoir être avec l'autre. En rapport à cette règle de vie, le Pape François dans son encyclique ¨*Fratelli Tuti*¨[192] qui signifie ¨*Tous frères*¨ porte son regard «*Sur la fraternité et l'amitié sociale.*»[193] Comment pourrait-il en être autrement pour tout leader? Dans le contexte général actuel où la recrudescence d'esprit belliqueux au niveau politique et au niveau des terroristes islamique avec les Al-Qaïda et le Daesh occasionnent le choc des civilisations, la promotion de la culture de la fraternité devrait être envisagée. Une telle promotion réduirait considérablement la problématique du réfugié.

Par ailleurs, il apparait une autre impression très différente qui est courante et soi-disant éclairée. Celle qui voit la personne humaine comme un être libre et indépendant. Un homme qui définit et dirige son existence grâce à sa vision et son intelligence. La fraternité éthique et universelle ne trouve pas son essence en soi «*le moi-même*». Elle n'émane pas non plus de l'obligation définie en sa qualité d'individu libre et conscient. La fraternité éthique et universelle dépasse la liberté individuelle d'un pas et de façon irréversible et perpétuelle. C'est dans cet ordre d'idée que Emmanuel Levinas[194] insiste de façon catégorique que : «*La fraternité est constitutive de l'ipséité de chaque homme, sans que cela relève d'un choix de sa part.*»[195] Cela voudrait affirmer que «*Ma position comme moi s'évertue déjà dans la fraternité.*»[196]

---

191 LEVINAS Emmanuel, *Altérité et transcendance*, Fata Morgana, Montpellier, 1995, p. 105. 192 p.

192 *Fratelli tuti* fonde son apparition sur la déclaration d'Abou Dhabi. Cette dernière exprime sa conviction sur la fraternité humaine comme le point de convergence pour la paix dans le monde et la coexistence commune. Ce document passe pour être un instrument de dialogue interreligieux cosigné avec l'imam d'Al-Azhar Ahmed el- Tayed et le Pape François le 4 février 2019. Cf. KUBACKI, Marie-Lucile. ¨Comme des frères qui s'aiment¨ : L'appel du pape et du grand imam d'Al- Azhar [en ligne]. La vie. 2019. Disponible sur : «https://www.lavie.fr/actualite/societe/comme-des-freres-qui-saiment-lappel-du-pape-et-du-grand-imam-dal-azhar-5869.php». [Consulté le 5 décembre 2023]

193 Pape François. Lettre encyclique *Fratelli tutui*, §. 5 [en ligne]. Disponible en PDF sur : «https://www.vatican.va/content/francesco/fr/encyclicals/documents/papa-francesco_20201003_enciclica-fratelli-tutti.html». [Consulté le 5 décembre 2023]

194 Emmanuel Levinas est né le 30 décembre 1905 à Kaunas (Russie). D'origine Lituanienne, il s'est naturalisé français en 1930. De religion juive traditionnelle, toute son enfance s'est forgée sur la Torah. Disciple de Monsieur Chouchani, Emmanuel Levinas a enseigné la Torah avec passion et amour. Toutefois, sa compétence en philosophie lui a permis de se centrer sur les questions d'éthique et de métaphysique d'autrui.

195 CHALIER Catherine, Irréductible fraternité. Conférence à Lima dans le cadre de la Chaire Andine de Philosophie française Contemporaine [en ligne]. 2006. p. 119. Disponible sur : «https://gerflint.fr/Base/Perou2/Chalier.pdf». [Consulté le 7 décembre 2023]

196 CHALIER Catherine Ibid., p.119.

Dans toute décision personnelle la relation fraternelle éthique préexiste. C'est justement elle qui conduit à être plus responsables les uns à l'égard des autres et cela contre notre bon vouloir. Tous les rapports interpersonnels et sociaux, comme tous les contrats et toutes les décisions trouvent leur connexion dans cette fraternité éthique. La prise de conscience d'une telle fraternité éthique peut-elle mépriser tout réfugié ? La thématique du réfugié parait problématique voire un contre témoignage à l'fraternité éthique. Comment est-ce possible que les conflits armés puissent freiner l'épanouissement d'une telle fraternité ?

III.2.1.2. Cadre d'intégration de référence

Le cadre d'intégration de référence porté à ce niveau de cette étude intervient pour éclairer le genre de regard et la qualité de l'accueil réservé à cette frange d'individus couramment appelés ¨réfugiés¨. Une frange d'individus ¨égarés¨ dans l'usage de la parole de l'autre et de la dignité et de l'intégrité personnelle. Des individus résolus dans une existence ¨toute craintive¨.

Le réfugié à l'étranger ou chez l'autre fait appel à un choix de vie dure et fondamental. Ce choix n'a pas lieu d'être de loin indifférent. En ce sens que la misère exige l'obéissance et une réponse positive. Les besoins du réfugié l'exposent à la vulnérabilité. Il devient une proie facile au point où le véreux est capable d'exercer sur lui toute forme de pouvoir. Dans la vulnérabilité du réfugié la tentation de subir la négligence de l'autre est-elle que son besoin s'accroit de plus bel. La conséquence de cette situation dramatique est l'enfermement sur soi.

Dans la perspective de la fraternité éthique et universelle, la détresse du réfugié devrait obliger l'autre non seulement à l'écouter attentivement, mais également à mettre en contribution toute son existence. Cet aspect de la fraternité dégage beaucoup d'enjeux qui sont relevés dans la Déclaration Universelle des Droits de l'Homme (DUDH). Au Préambule de cette Déclaration, des mentions sont faites par des thématiques comme :

« - *La reconnaissance de la dignité inhérente à tous les membres de la famille humaine et de leurs droits égaux et inaliénables...*
- *La méconnaissance et le mépris des droits de l'homme ont conduit à des actes de barbarie qui révoltent la conscience de l'humanité...*
- *Qu'il est essentiel que les droits de l'homme soient protégés par un régime de droit...*
- *Qu'il est essentiel d'encourager le développement de relation entre nations...*
- *Que dans la charte des peuples les Nations Unies ont proclamé à nouveau leur foi dans les droits fondamentaux de l'homme, dans la dignité et la valeur de la personne humaine, dans l'égalité des droits...*
- *Que les Etats Membres se sont engagés à assurer – le respect universel et effectif des droits de l'homme et des libertés fondamentales.*

- *Qu'une conception commune de ces droits et libertés est de la plus haute importance...»*[197]

Ces décisions ne sont nullement négociables. Il y va de la survie de l'espèce humaine. Autrement dit, ici se joue toute la ¨fraternité¨ et la ¨sororité¨ éthique de l'avenir de l'humanité de façon juste et équilibrée. Contrairement à ce qui devrait être possible, l'humanité semble être en déclin. Elle vit présentement une illusion de puissance portée par une transcendance fortement développée par le culte de la raison qui conduit les individus à se sectoriser. L'orientation d'un échange commun des Nations unies vers un projet commun semble être à une lueur crépusculaire.

Pourtant, c'est ce cheminement qui devrait faire naître le creuset d'une humanité dans une fraternité éthique. La problématique de la déshumanisation c'est le sentiment de l'incapacité à faire bloc contre le culte de la violence délibérée. Cette situation désespérante pousse à se demander si le monde ne se réduit pas seulement à l'expression d'une carte. Dans la quête de solution, l'option urgente pour les Nations unies devrait prendre en compte quelques éléments par exemple :

- Mettre fin aux pratiques coloniales et néocoloniales,
- Reformer l'architecture de gouvernance mondiale : les Etats Unis et leurs alliés doivent renoncer à des mesures de dissuasion artificielle,
- Procéder à un élargissement du conseil de sécurité est une problématique urgente. Cela devrait impliquer la participation davantage de membres représentant la majorité mondiale (les pays d'Afrique, d'Amérique Latine, d'Asie),
- La nécessité pour les nouveaux membres du conseil permanent comme non permanent de jouir d'une autorité dans leur région et dans leur organisation de portée mondiale (ex. les organisations de la coopération islamique, le groupe des non-alignés (120) Etats, le groupe des septante sept (77) Etats,
- Respecter l'équilibre des intérêts,

Ces propositions touchent également à un embarras essentiel et fréquent de l'éthique : l'accommodement entre la responsabilité inéluctable de l'ONU et toute sa disponibilité et surtout, le fait de se traiter comme une organisation digne qui est une fin et une valeur en soi. S'il arrivait que cette formulation soit inopérante, l'impératif catégorique kantien aiderait à son application : *«Agis de façon telle que tu traites l'humanité, aussi bien dans ta personne que dans tout autre, toujours en même temps comme fin et jamais simplement comme moyen.»*[198] En toute circonstance, Emmanuel Kant envisage que l'on met l'accent sur le respect absolu de la dignité humaine.

---

[197] L'ONU. Déclaration universelle des droits de l'homme [en ligne]. Disponible sur : «https://www.un.org/fr/universal-declaration-human-rights/index.html». [Consulté le 11 décembre 2023]

[198] SAMBUC, Cléa. COZ, Pierre. «La dignité humaine kantienne : une justification théorique des transplantations d'organes ? Dans Raison publique». Cairn.info. 2012/2, n° 17, p. 219-238. Disponible sur : «https://www.cairn.info/revue-raison-publique1-2012-2-page-219.htm». [Consulté le 11 décembre 2023]

Au regard de la situation des nommés ¨réfugiés¨[199] le droit de protection devrait en principe être embrayé sur les obligations objectifs qui s'impose non pas à titre de contrepartie des droits consentis entre les Etats parties, mais en raison des droits fondamentaux. De la sorte, la doctrine de Francisco de Vitoria[200] parait inattaquable, lors qu'elle estime que c'est la nature qui fonde le droit et elle est antérieure aux variations théoriques du droit international moderne. L'ordre naturel repose sur la liberté de circulation des personnes, des biens et des idées ; de cette façon les hommes peuvent se connaître les uns et les autres, augmentant ainsi le sentiment de fraternité réciproque.[201] Tout ¨réfugié¨, quelle que soit son origine nationale est d'abord une personne libre, citoyen du monde qui mérite la protection de l'Etat d'où, il se trouve.

Certes, tout Etat n'est pas en quelque sorte tenu pour responsable des exactions opérées par des individus isolés ou personnes privées, mais de son manque d'action en matière de couverture des crimes ou de toute autre violation. L'Etat devrait être tenu pour responsable, s'il ne prend aucune disposition pour éliminer les violations faites aux réfugiés. Les Etats sont les seuls à être tenus par des obligations en ce qui concerne les droits de la personne. Ils sont tenus d'opérer des normes appropriées pour entraver toutes atteintes aux droits de la personne sur leur territoire. Cette sécurité va de la simple protection physique aux besoins de subsistance les plus élémentaires.[202] De ce fait, l'Etat, par des mesures législatives et autres procédure de recours, enquête, fait des répressions et fait des réparations pour des fautes commises. L'intégrité du droit international humanitaire implique sa responsabilité aussi bien prévisionnelle qu'écologique. Une telle implication indiquerait à nouveau sa stabilité, sa sécurité et sa prospectivité.

III.2.2. Perspective d'une responsabilité prévisionnelle et écologique du Droit International Humanitaire

Les défis auxquels le ¨réfugié¨ en particulier et l'homme d'aujourd'hui en général sont exposés figure cette catégorie de droit fondamental qui se veut de la troisième (3ème) génération. Un droit qui se revendique dans le domaine environnemental. Celui-ci fait front au laxisme des organisations à caractère humanitaire, à l'égocentrisme et à l'esprit narcissique de l'être humain. L'engagement en vue de la protection des générations futures, le respect de l'écosystème comme

---

[199] La thématique du ¨réfugié¨ devrait être problématique si le droit international l'emploie comme telle. La personne humaine n'est-elle pas citoyen du monde ? Ne jouit-elle pas de la liberté de circulation à temps et à contre temps ? Comment son déplacement forcé hors de sa mère patrie réduirait ses droits fondamentaux ? La lecture de ce terme devrait plutôt être envisagée au regard du droit national et non du droit international, encore moins de UNHCR. Une telle lecture développe le sentiment de sectarisme et d'exclusion à l'égard des nationaux.

[200] Francisco de Vitoria est produit de l'école de Salamanque. Sa triple compétence philosophie, théologique et juriste espagnol, il fait ses preuves dans plusieurs domaines de pensées notamment en matière des droits fondamentaux relatifs à la situation des indiens. En tant que membre de l'ordre des dominicain depuis l'année 1504, sa grande influence intellectuelle impact la vie de son politique époque.

[201] TENAILLON, Nicolas. La philosophie de la guerre, Droit humain, Domuni-Universitas, Belgique, 2023, 65 p

[202]MONNET, Marie. Droit international des droits de la personne, Droit humain, Domuni-Universitas, Belgique, 2022-2023, 63 p.

patrimoine commun, l'éradication de la pollution de l'espace, se veut être une contrainte pour la fraternité. Par conséquent, la condition des ¨réfugiés¨ demeure critique. Apparemment, une imputation causale[203] de la politique des ¨réfugiés¨ se pose avec acuité. Pour pallier cette problématique, la responsabilité du droit international humanitaire devrait être à la fois rétrospective et prospective.

III.2.2.1. De la responsabilité rétrospective du Droit International Humanitaire …

Les actions des structures nationales et internationales humanitaires[204] engagent leur responsabilité rétrospective. Chaque action posée est importante du fait qu'elle exige des explications. C'est ce que le philosophe Hans Jonas[205] dans son ouvrage intitulé *Le principe responsabilité,* voudrait qualifier d'imputation causale des actes posés. Le concept ici apparait bien plus net, lorsqu'il interpelle directement à : «*L'obligation de réparer le dommage que l'on a causé par sa propre faute…*»[206]

La pénibilité de vie des déplacés notamment lors des conflits armés en terre d'exil est de fait un préjudice qui nécessite la définition des responsabilités. Le lien de causalité entre les méfaits et l'auteur est donc primordial pour l'imputation de la responsabilité. Il serait par conséquent inconcevable que la responsabilité rétrospective qui relève de la lucidité juridique paraisse presqu'aléatoire en droit international humanitaire. Par exemple, en conteste palestinien, est-ce admissible d'évoquer les abris saturés de l'ONU à Gaza où les déplacés manquent de tout?[207] De surcroît, est-ce normal que plusieurs bâtiments de l'agence onusienne chargée des réfugiés palestiniens soient touchés par des bombardements israéliens créant des pertes en vie humaine ?[208]

L'impartialité de la justice internationale se trouve donc engagée dans ces circonstances. S'il est vrai que le droit international possède une base juridique, les

---

[203] L'expression imputation causale est une évaluation directe permettant de comprendre le rôle de chaque élément intervenant dans le programme ou dans la politique de la gestion des réfugiés et leurs conséquences.

[204] Des partenaires stratégiques au nombre de plus de neuf cent (900) constitués en organisations non gouvernementales (ONG), en institutions gouvernementales et en des agences des nations Unies bénéficient en moyenne quarante pourcent (40%) des dépenses annuelles de la part de HCR pour mettre en œuvre des programmes ou des projets destinés à apporter une protection et des solutions aux réfugiés. UNHCR. Organisations non gouvernementales [en ligne]. Disponible sur «https://www.unhcr.org/fr/organisations-non-gouvernementales ». [Consulté le 12 janvier 2024]

[205] HANS Jonas est d'origine allemande né le 10 mai 1903 à Mönchengladbach. Aux Etats-Unis, il est connu à travers sa compétence dans le domaine des recherches du gnosticisme et philosophiques. Toutefois, sa quête pour les questions d'éthique de l'âge technologique lui donne de s'ouvrir plus au monde. Laquelle éthique est pleinement développée dans son chef-d'œuvre, Le Principe responsabilité de 1979. En tant que philosophe, il s'illustre comme le penseur des problèmes environnementaux et leurs implications morales du génie génétique. Hans Jonas décède le 5 février 1993 aux Etats-Unis précisément à la Nouvelle-rochelle.

[206] RICOEUR, Paul. «Le concept de responsabilité. Essai d'analyse sémantique». Esprit. 1994/ 11, n°206, pp. 28-48. Disponible sur : «https://www.jstor.org/stable/24276317». [Consulté le 12 janvier 2024]

[207] MRAFFKO, Clothilde. «Dans les abris saturés de l'ONU à Gaza, les déplacés manquent de tout». Le Monde. 2023. Disponible sur : «https://www.lemonde.fr/international/article/2023/11/11/dans-les-abris-satures-de-l-unrwa-a-gaza-les-deplaces-manquent-de-tout_6199493_3210.html». [Consulté le 12 janvier 2024]

[208] Idem.

tenants des organisations internationales humanitaires devraient être interpellés. Cependant, quelle juridiction internationale est-elle capable d'interpeller les Etats-Unis qui soutiennent la prétendue légitime défense d'Israël ?[209] Quant aux réfugiés ivoiriens de la crise militaro-politique de 2011, leur condition jusqu'à présent est laissée pour compte au profit d'un gouvernement politique acquis à la cause d'un pouvoir politique de l'ombre dit communauté international.

Pendant ce temps, les ONG et les organisations de défense des droits de l'homme demeurent dans le mutisme. Ils attendent certainement que le régime politique d'Abidjan change pour étaler ses forfaitures. Une manière pour ces entités de s'effrayer une place et se donner de la crédibilité auprès des nouveaux dirigeants. La responsabilité du droit international devrait consister à passer au crible le personnel des organisations internationales des droits de l'homme et humanitaires.

Par ailleurs, face à l'impérieuse préoccupation des personnes forcées de fuir et la prise en charge (revenus et logistiques) du nombre pléthorique des agents des structures de protection, la pente est très prononcée et le fossé abyssal. Sans nier cet aspect, ces structures dites humanitaire apparaissent presque comme des sangsues dans l'environnement de ceux qu'ils qualifient de ¨réfugiés¨. Dans un tel univers, s'il s'avère que cette observation est légitime, comment est-ce possible que le souci pour les désemparés soit la priorité ? Apparemment, les conflits armés ne font plus que des malheureux.

Les préoccupations d'ordre humanitaire dont l'impératif semblait aller de soi, se sont relativement vidées de leur sens et de leur aspiration légitime. Il subsiste désormais une sorte de capacité d'autodestruction involontairement mis en place pour déshumaniser et déstructurer à la fois les personnes dites ¨réfugiées¨ et les dévouées acquises à la cause des premiers. Sans ambages, toutes préoccupations axées sur le sort des déplacés devraient prendre en considération l'aspect éthique qui remet l'être humain en avant de tout. En effet, dans les règles de l'art, tout risque aussi improbable, susceptible de désagréger un seul aspect de la structure vitale de la personne humaine est à écarter.

En effet, comment progresser en qualité dans ce sentiment universel de protection de la personne humaine sans cette vision rétrospective de la responsabilité dans la remise en cause ? L'adage précise que : là où il y a l'homme, il y a l'hommerie. Partant de cette anecdote de Lise Payette[210], la nécessité de la responsabilité rétrospective paraît inévitable :

---

[209] BRO, J. AFP. «Guerre Israël- Hamas : Les Etats-Unis réaffirment le ¨droit¨ et ¨l'obligation¨ d'Israël de ¨se défendre¨. BFMTV. 2023. Disponible sur : «https://www.bfmtv.com/international/amerique-nord/etats-unis/guerre-israel-hamas-les-etats-unis-reaffirment-le-droit-et-l-obligation-d-israel-de-se-defendre_AD-202311030546.html ». [Consulté le 12 janvier 2024]

[210] Lise PAYETTE est une femme politique. Elle est née le 29 août 1931 à Verdun au Canada. Elle est décédée le 5 septembre 2018 dans la même localité. Elle a fait ses marques de personnalité publique à travers ses écrits et en tant que animatrice de télévision et de radio québécoise. Membre de parti québécoise en 1976 dans la région de Dorin, elle est élue députée puis nommée successivement ministre de la Communication, des Coopératives et des institutions financières, ministre d'Etat à la condition féminine et ministre d'Etat au Développement social dans le gouvernement de René Lévesque.

« ¨Où il y a de l'homme, il y a de l'hommerie¨ C'est un de mes collègue politiciens qui m'a expliqué un jour, peu de temps après mon arrivée en politique que le monde dans lequel je venais d'entrer était un monde d'hommes et qu'il allait falloir que je m'y ajuste car, autrement, j'allais trouver le temps long. Je lui avais répondu que j'étais justement entrée en politique pour changer ce monde politique et que mon rôle allait être de combattre l'hommerie sous toutes ses formes pour faire en sorte que le milieu politique devienne plus accueillant pour les femmes à l'avenir.»[211]

Dans la responsabilité rétrospective le sentiment d'interpellation, de la récompense ou à l'inverse de rejet de culpabilité, d'orgueil ou d'assurance de raison sont à examiner. La prise en considération de tous ces sentiments détermine la capacité rétroactive des responsables aux organisations humanitaires que le fait d'être reconnu responsable de ces actes par d'autres personnes. Certes, il ne s'agit pas de prévoyance, encore moins d'objectifs à opérer. Mais il est question d'interroger et de recevoir des preuves sur les actifs du passé, aussi bien sur la façon dont des individus exploitent leurs atouts. Dans cette perspective de rétrospection, il apparait évidemment qu'action et responsabilité sont déterminantes pour le contexte prospectif du droit international humanitaire.

III.2.2.2. ... A la responsabilité prospective du Droit International Humanitaire

La responsabilité prospective de fait rappelle le rôle du droit international humanitaire, son importance dans le droit de la guerre ou le droit des conflits armés. Elle ressort cette donnée du droit international public qui, pour des raisons l'humanitaire s'engage à limiter les effets des conflits armés. Le droit international humanitaire, sans se répéter mais faire de l'insistance, donc protège les personnes qui ne participent pas ou ont cessé de participer aux conflits et limiter les méthodes et les moyens du conflit armé.[212] L'idée de protection dans la perspective du droit est de l'ordre juridique. Laquelle protection rime avec les thématiques de l'impartialité de la justice, l'établissement de lien de causalité, d'imputation dans la responsabilité, la défense des droits fondamentaux, la sanction et le dédommagement. La responsabilité prospective en ce sens, n'a plus pour ambition d'évaluer ce qui a été fait. Mais, elle s'engage à décider à partir d'une évaluation des données disposées, ce qui mérite, ce qui urge, ce qui doit être examiné pour être solutionné. En clair, les acteurs principaux du droit international humanitaire, ne se sentiront plus dans une posture introspective de leur conduite et les conséquences subséquentes, mais, l'urgence qui conditionne l'agir de leur part. La perspective de prévoyance consiste ainsi à opter une posture de responsabilité ¨pour¨ et non celle qui se justifie ¨sur¨.

---

211 PAYETTE, Lise. «Une crise d'hommerie». Ledevoir. 2010. Disponible sur : «https://www.ledevoir.com/opinion/chroniques/295033/une-crise-d-hommerie». [Consulté le 13 janvier 2024]

212 COMITE INTERNATIONAL DE LA CROIX ROUGE (CICR). Qu'est-ce que le droit international humanitaire [en ligne]. Disponible sur : «https://www.icrc.org/en/document/what-international-humanitarian-law». [Consulté le 14 janvier 2024]

Cette posture (La responsabilité prospective) qui n'est certainement pas à être inventée, implicitement figure dans la translation de l'éloquence judiciaire et celle de l'éthique. En effet, comme susmentionné, le droit (la justice) s'évertue à épingler les erreurs, à définir les responsabilités pour les sanctions et les réparations, tandis que le paradigme de l'éthique s'implique considérablement sur l'acteur, sa liberté d'action qui définit sa responsabilité.

Au regard de ce qui précède, le rapport de simultanéité justice et éthique ne devrait plus être problématique. Les préoccupations de réparation des dommages causés aux victimes d'obligations de droit international devraient être immédiates. Pourtant, une sorte de recrudescence de revendication de réparation, ne cessent de conditionner et d'alimenter l'enjeu commun du droit international, du droit humanitaire, du droit international pénal et du droit international des droits de l'homme. En effet, dans les juridictions internationales comme nationales, les litiges des conflits armés sont parfois sans suite. Un des exemples le plus fragrant reste les plaintes des victimes de la crise politico-militaire et postélectorale en Côte d'Ivoire. Aussi bien à la Haye (CPI) qu'à Abidjan, aucune poursuite n'est intentée du côté du parti au pouvoir après l'acquittement de l'ex-Président de la République Laurent Gbagbo et son ex-Ministre de la jeunesse Charles Blé Goudé.

Par ailleurs, la démarche qui consiste à regrouper la cause des victimes se présente comme une complaisance visant à minimiser l'impact réel subi par chacune d'elles. Une prise en compte du droit à la réparation de chaque victime donnerait un sens nouveau à la responsabilité prospective du droit international humanitaire. En pratique dans des circonstances parfois confuses, les associations des victimes en complicité avec le politique perturbent la fiabilité de la réparation des dommages. Par exemple, dans un rapport conjoint, des collectifs de défense des droits de l'homme s'offusquent du manque de considération de l'Etat de Côte à l'égard des victimes de la crise postélectorale de 2010-2011 :

> *«La Fédération internationale pour les droits humains (FIDH), la Ligue ivoirienne des droits de l'homme (LIDHO) et le Mouvement ivoirien des droits humains (MIDH) publient le 14 juillet 2022 un rapport intitulé ¨Côte d'Ivoire : de la justice sacrifiée au nom de la ¨réconciliation¨ à la justice instrumentalisée par le politique¨ Issu de l'analyse d'informations collectées pendant un an, y compris lors d'une mission internationale menée à Abidjan en décembre 2021, le rapport fait la lumière sur l'état inquiétant de la justice dans le pays depuis la crise 2010-2011, le manque de perspectives de justice au niveau international, et les attentes des victimes et survivant-es de crimes internationaux face à l'impunité persistante.»*[213]

[213] Fédération Internationale des Droits de l'Homme (FIDH). 11 ans après la crise post-éléctorale en Côte d'Ivoire : des victimes oubliées, une justice sacrifiée [en ligne]. 2022. Disponible sur : «https://www.fidh.org/fr/regions/afrique/cote-d-ivoire/cote-ivoire-victimes-justice-crimes-guerre». [Consulté le 15 janvier 2024]

Dans de tel imbroglio, chacun y va de son commentaire. Toutefois, ce qui semblerait plausible, c'est l'absence par omission de la responsabilité du droit international humanitaire. Cet aspect évidemment ne saurait persister sans conséquence. Telles des plaques tectoniques en percussions, le concept traditionnel de ¨réfugié¨ se brise pour l'apparition d'une sorte de conspiration ayant pour fonction la déshumanisation d'une catégorie d'individus victimes des conflits armés. Lesquels sont d'ailleurs à la merci d'un certain droit quasi inexistant mais dit ¨international humanitaire¨. Autrement, ¨le réfugié¨ est un ¨déshumanisé.¨ Parce que ces individus désespérés perdent au bout du compte leurs propres moyens d'accomplissement au profit d'une promesse irréalisable.

Nonobstant ces soubresauts, dorénavant la prospective du droit international humanitaire résiderait dans sa source coutumière. En effet, celle-ci reflétant la pratique étatique est quasiment plus étendue, représentative, analogue et acquise par tous. De fait, le droit coutumier se révèle comme l'une des sources du droit conventionnel. Sa capacité de consolider la défense des victimes des guerres est pertinente. A l'analyse des situations, les conflits armés en général ne s'affichent de façon internationale. Ce qui réduit dans la plupart des cas le droit international à les canaliser au maximum.

Ce point de vue s'explique à partir du fait que, les Conventions de Genève de 1949 présentent pour les conflits armés internationaux trois cent quarante quatre (344) articles, contre un (1) article pour les conflits armés non internationaux. Exactement pour les conflits armés non internationaux examinés par le Protocole additionnel II fournit pour sa part quinze (15) articles de base, contrairement à quatre vingt quatre (84) articles évalués par le Protocole additionnel I pour les conflits armés internationaux.

En revanche, le droit coutumier s'illustre à apporter, aux enfants, aux femmes et aux hommes victimes des conflits armés, la protection nécessaire. Grâce à la considération vouée au droit coutumier, son intervention dans les conflits armés diminue au mieux le coût humain. Le paradoxe du droit international humanitaire est traversée par cette préoccupation existentielle fondamentale (*jus ad bellum* : le droit à la guerre ou le droit de faire guerre) dont les conséquences dramatiques impactent le ¨réfugié¨. Pour juguler le fardeau des personnes déplacées du fait des conflits armés, les protagonistes humanitaires devront étendre leurs tactiques. Leur entreprise réformatrice contribuera à appréhender les enchevêtrements du droit international humanitaire pour soulager la peine des victimes des conflits armés.

Conclusion du chapitre III

Finalement, la réalité existentielle des réfugiés fouette la conscience humaine. Cette situation se révélant critique a nécessité une réflexion holistique du paradigme de la gradualité, du défi et de l'enjeu du droit international humanitaire.

D'une part et d'un point de vue général, les défis de l'autonomie du droit international humanitaire suscitent une analyse du paradigme de l'épikie. Celle-ci met en évidence une interprétation des principes fondamentaux du droit international humanitaire. Dès lors, les fondements juridique, culturel, éthique et moral du respect de la personne humaine sont déconsidérés au profit d'une pratique abusive et récupératrice de la dignité personnelle du réfugié.

D'autre part, l'urgence de replacer l'humain au centre du droit international paraît incontournable. Celle-ci implique à la fois la démarche qui consiste à aller au-delà des codes, des narrations juridiques, la prise en compte de la figure de l'enfant, de la femme, du vieillard, du malade, de l'homme, et le repérage des aspects inadéquats et contradictoires entre le droit international humanitaire et le droit de l'homme.

Par ailleurs, il revient de recentrer les apports réformateurs des enjeux des droits international et humanitaire au plan de la fraternité authentique et universelle. La perspective implique un double aspect.

D'une part, un aspect qui consiste à repenser un modèle pertinent et structurant les droits et la responsabilité humaine. Celui-ci suppose que l'on prenne conscience de son caractère nihiliste pour tendre vers l'engagement pour la recherche de sens. Et aussi, un autre aspect qui servirait de cadre d'intégration de référence.

D'autre part, la perspective d'une responsabilité prévisionnelle et écologique devient le point d'honneur pour le droit international humanitaire. A cet effet, ce dernier s'inscrira dans le double mouvement de la responsabilité rétrospective, à la responsabilité prospective.

Conclusion générale

Au regard des faits successifs et intriguant, en l'occurrence les conflits armés, la discrimination, la persécution, la violence et parfois l'audace des gouvernances politiques scélératesses, les fondamentaux structurant l'humanité se désintègrent. Le monde fait face à la croissance d'une population de réfugiés dont les conditions existentielles pénibles constituent un préjudice grave pour la conscience humaine.

Au-delà des narrations et des élucubrations diplomatiques internationales, la personne humaine ne devrait subir de telles humiliations. Cette étude voulant rester focalisée sur la menace vitale de l'espèce humaine, a scruté divers horizons de la question à partir du contexte ivoirien.

Malgré l'espoir placé dans le projet du 28 juillet 1951, avec la participation et la ratification de cent quarante cinq (145) Etats partis, le statut des réfugiés reste fortement mitigé. Les mesures d'accompagnement et les stratégies de protection des déplacés ont développé davantage des faiblesses épouvantables. Désormais, face à la montée impressionnante du nombre de réfugiés, le HCR et le droit international humanitaire paraissent déconnectés de la réalité :

> *«L'ONU a recensé 110 millions de réfugiés et de déplacés dans le monde. Jamais le nombre de personnes dans ce cas n'a été aussi élevé, souligne le Haut Commissariat des Nations-Unies pour les réfugiés dans son rapport annuel.»* [214]

Sans aucun doute, les ressources disposées sous des prétextes philanthropiques pour atteindre les objectifs sont inappropriées. Les réfugiés font face à un enchevêtrement d'illusions du bien-être et des conséquences destructrices opérées par la perte du patrimoine culturel, la standardisation sociale et les conflits identitaires permanents.

Dans le contexte ivoirien, la situation se projette en apparence à une conspiration politico-institutionnelle en défaveur des réfugiés. Les menaces sous des formes diverses impactent la vie de ces derniers. On en dénombre l'insécurité et les résidences instables, les activités dégradantes et les intimidations d'expulsion, le déclin physique et moral des vieillards. A la base, figurent des parodies de justice pour des condamnations avec sursis et par contumace.

La révolution de la situation au plan international vise à la réflexion sur les défis et les enjeux du droit international humanitaire comme priorité. Celle-ci devra s'accentuer sur l'autonomisation, l'application holistique des principes fondamentaux

[214] LE MONDE AVEC AFP. L'ONU a recensé 110 millions de réfugiés et de déplacés dans le monde [en ligne]. 2023. Disponible sur «https://www.lemonde.fr/international/article/2023/06/14/l-onu-a-recense-110-millions-de-deplaces-dans-le-monde_6177534_3210.html#:~:text=Immigration%20et%20diversit%C3%A9-,L'ONU%20a%20recens%C3%A9%20110%20millions%20de%20r%C3%A9fugi%C3%A9s%20et%20de,r%C3%A9fugi%C3%A9s%20dans%20son%20rapport%20annuel». [Consulté le 08 juin 2023]

du droit international humanitaire et surtout du paradigme de l'épikie en vertu de son caractère incorruptible.

En effet, dans l'exécution de celui-ci, les fondamentaux juridique, culturel, éthique et moral du respect de l'individu sont indispensables. Dans ce cadre global, le progrès du droit international est conditionné par la centralisation de l'humain en son sein. La figure de la femme, de l'enfant, du vieillard, du malade et de l'homme précède les codes et les narrations juridiques. Dans la même perspective, les enjeux des droits international et humanitaire devraient se tourner vers la fraternité authentique et universelle.

Cependant, il n'est pas question d'ignorer le double aspect qui d'une part consiste à réévaluer un modèle pertinent et structurant les droits et la responsabilité humaine. Cela suppose que l'on prenne conscience de son caractère nihiliste pour tendre vers l'engagement pour la recherche de sens et du cadre d'intégration de référence. Aussi, dans le même cadre, l'importance pour la responsabilité prévisionnelle et écologique paraît-elle un point d'honneur pour le droit international humanitaire, parce qu'elle inscrit tous les acteurs dans une double attitude de responsabilité rétrospective et prospective. Toutefois, les aspects inadéquats ou contradictoires entre droit international humanitaire et droit de l'homme ne devraient échapper à la vigilance des acteurs.

En définitive, le caractère humaniste de l'africain envers les réfugiés pourrait être envisagé comme un exemple édifiant pour le monde. L'Afrique est la ¨figure¨ de la solidarité envers tout désespéré. Malgré, les grandes préoccupations économiques, sociales, sécuritaires et environnementales qui dépeignent le continent, les peuples et certains dirigeants restent focalisés sur la solidarité. Ils mettent en contribution leurs portes, et leurs cœurs sont grandement ouverts aux déplacés.

Bibliographie

Format papier

Ouvrage

BEAUFRE André, *Introduction à la stratégie*, Armand Colin, Paris, 1963, 142p.

CARREAU Dominique et MARRELLA Fabrizio, *Droit international*, Edition A. Pedone, Paris, 2012, 734 p.

CHETAIL Vincent, *Migration de l'homme et souveraineté : Le droit international dans tous ses Etats.* Bruylant, Bruxelles, 2007, 133 p.

LEVINAS Emmanuel, *Altérité et transcendance*, Fata Morgana, Montpellier, 1995, 192 p.

NASRAOUI Mustapha, *La vieillesse dans la société tunisienne*, L'Harmattan, Paris, 2003, 174 p

DOOB Leonard William, *Opinion publique et propagande*, H. Holt, New York, 1948, 600 p.

ELLUL Jacques, COMPAGNON Daniel, *L'illusion politique*, Table Ronde – Petite Vermillion, Paris, 2004, 362 p.

AMOUROUX Henri, *La grande histoire des Français après l'occupation, t. 9, Les règlements de comptes septembre 1944 – janvier 1945*, Robert Laffont, Paris, 1991, 766 p.

MARCHAND Patrick, *Sorcières : mythes et réalité*, L'Harmattan, Paris, 2011, 160 p.

CHARPENTIER Michèle, GUBERMAN Nancy, BILLETTE Véronique (Sous la dir). *Vieillir au pluriel*, Perspectives sociales, Presses de l'Université du Québec, Québec, 2010, 532 p.

RIGAUX François (sous la dir), *La vie privée une liberté parmi les autres*, Maison Larcier, Bruxelles, 1992, 313 p.

THEVENOT Xavier, *Morale fondamentale*, Desclée de Brouwer, Paris, 2007, 232 p.

KANT Emmanuel. *Fondation de la métaphysique des mœurs* – Fondation, Introduction, trad. Alain Renaut, GF Flammarion, Paris, 1994, 208 p.

Dictionnaire, *Le Petit Larousse, En couleurs*, Larousse, Paris, 2010 1808 p.

ARISTOTE, *De l'âme*, Traduction inédite, présentation, notes et bibliographie par Richard Bodéüs, Flammarion, GF 711, 1993, 292 p.

Thèses. Cours

VAILLANT, François. La non-violence, Droit humain, Domuni-Universitas. Belgique, 2022, 40 p.

TENAILLON, Nicolas. La philosophie de la guerre, Droit humain, Domuni-Universitas, Belgique, 2023, 65 p.

MONNET, Marie. *D*roit international des réfugiés, Domuni-Universitas, 2022-2023, 42 p.

MONNET, Marie. Droit international des droits de la personne, Domuni-Universitas, 2022-2023, 63 p.

Ouvrage collectif

COCHET François, PORTE Rémy (sous la dir), *Dictionnaire de la Grande Guerre 1914-1918.* Article Population déplacées, p. 381 à 385, *Encyclopedia Universalis*, 2005. 1120 p.

BABELON Jean-Pierre, CHASTEL André, *La notion de patrimoine*, Liana Levi, Paris, 1994, 142 p.

Albert Ducros (sous la dir.), *La Culture est-elle naturelle ? Histoire, épistémologie et applications récentes du concept de culture*, 1998, Errance, Paris, 238 p.

Catéchisme de l'Eglise Catholique. Nouvelle Edition Pocket, Paris, 1998, 975 p.

Article périodique

BRAECKMAN, Colette «Aux sources de la crise ivoirienne», Manière de voir, 2005, n° 79, p.80

Dictionnaire

LAROUSSE Le Petit. *Le Petit Larousse Illustré en couleurs*, Larousse, Paris, 2009, 1808 p.

Format électronique

Ouvrages

GUILHEM Florence, *L'obsession du retour. Les républicains espagnols 1939-1975,* Toulouse, Presses universitaires du Midi, 2005. 224 p. Disponible sur : «https://books.openedition.org/pumi/10599?lang=fr.» [Consulté le 08 avril 2023]

KAPPEL Robert, *Travail et justice sociale. L'Afrique : les défis de l'emploi. Un fossé grandissant.* Allemagne, Friedrich-Ebert-Stiftung, 2022. 76 p. Disponible sur : «https://library.fes.de/pdf-files/iez/19049.pdf». [Consulté le 24 mai 2023]

STRAUSS Léo, Nihilisme et politique Payot-Rivages poche/Petite Bibliographie, n° 40, 2005. Disponible sur : «http://belcikowski.org/la_dormeuse/nihilisme_et_politique.php». [Consulté le 02 décembre 2023]

CHALIER Catherine, Irréductible fraternité. Conférence à Lima dans le cadre de la Chaire Andine de Philosophie française Contemporaine [en ligne]. 2006. p. 119. Disponible sur : «https://gerflint.fr/Base/Perou2/Chalier.pdf». [Consulté le 7 décembre 2023]

Article périodique

TORTAJADA, Ramon. «M. de Malestroit et la théorie quantitative de la monnaie». Revue économique. 1987, n°38, p. 853-875. Disponible sur : «http://agentier.free.fr/_media/article-reco-0035-2764-1987-num-38-4-409005.pdf». [Consulté le 31 mars 2023]

ROSIERE, Stéphane et CATARUZZA, Amaël. «Fragmentation – Balkanisation. L'espace Politique, 2010, n°11. Disponible sur : «https://journals.openedition.org/espacepolitique/1310». [Consulté le 01 avril 2023]

BENADIBA, Moïse. «Moise et la migration dans la tradition». Cirn.info Matière à réflexion. 2011, 177-190. Disponible sur : «https://www.cairn.info/clinique-de-la-deshumanisation--9782749214535-page-177.htm ». [Consulté le 3 avril 2023]

LEPIDI, Pierre et SMOLAR, Piotr. «Avant le génocide des Tutsi au Rwanda, la France a reçu des alertes claires et régulières» [en ligne]. Le Monde, 2021. «https://www.lemonde.fr/afrique/article/2021/01/16/genocide-des-tutsi-pour-paris-des-alertes-claires-et-regulieres_6066497_3212.html». [Consulté le 05 avril 2023]

«Donald Trump durcit la politique d'immigration pour stopper les «terroristes islamiques». Lemonde. 2017. Disponible sur : «https://archive.wikiwix.com/cache/index2.php?url=https%3A%2F%2Fwww.lemonde.fr%2Fdonald-trump%2Farticle%2F2017%2F01%2F28%2Fdonald-trump-durcit-la-politique-d-immigration-pour-stopper-les-terroristes-islamiques_5070438_4853715.html#federation=archive.wikiwix.com&tab=url». [Consulté le 06 avril 2023]

KOSKENNIEMI, Martti et LEINO, Paivi. «Fragmentation du droit international anxiétés et postmodernes». Revue de droit international Leiden. 2002. 15. n°3. 553-579. Disponible sur : «https://archive.wikiwix.com/cache/index2.php?url=https%3A%2F%2Fjournals.cambridge.org%2Farticle_S0922156502000262#federation=archive.wikiwix.com&tab=url». [Consulté le 10 avril 2023]

YUN, Seira. «Briser les barrières imaginaires : les obligations des acteurs non étatiques armés en vertu du droit général des droits de l'homme - Le cas du Protocole facultatif à la Convention relative aux droits de l'enfant.»Journal d'études juridiques humanitaires internationales. 2014. 5, n°. 1-2. p. 213-257. Disponible sur : «https://archive.wikiwix.com/cache/index2.php?url=http%3A%2F%2Fpapers.ssrn.com%2Fabstract%3D2556825#federation=archive.wikiwix.com&tab=url». [Consulté le 10 avril 2023]

BELORGEY, Jean-Michel. «Le droit d'asile en perdition». Plein droit. 2007/3 n°74 p. 33-35. Disponible sur : «https://www.cairn.info/revue-plein-droit-2007-3-page-33.htm ». [Consulté le 15 avril 2023]

LECLERC, Jean-Marc. «Calais : les forces de l'ordre se préparent à une nouvelle nuit tendue ». Le Figaro. 2015. Disponible sur : «https://www.lefigaro.fr/actualite-france/2015/11/09/01016-20151109ARTFIG00250-quand-les-migrants-chargent-la-police-a-calais.php». [Consulté le 21 avril 2023]

MIEU, Baudelaire. «De hauts responsables des forces de sécurité pro-Gbagbo ont été mis en liberté provisoire». Jeune Afrique. 2013. Disponible sur : «https://www.jeuneafrique.com/169082/politique/de-hauts-reponsables-des-forces-de-s-curit-pro-gbagbo-ont-t-mis-en-libert-provisoire/ ». [Consulté le 24 avril 2023]

POLITIQUE. Lettre ouverte au Président Alassane Ouattara. Abidjan.net. 2021. Disponible sur : «https://news.abidjan.net/articles/403125/lettre-ouverte-au-president-alassane-ouattara». [Consulté le 28 avril 2023]

Le MONDE. «Côte d'Ivoire : Amnesty International dénonce torture et détentions arbitraires» [en ligne]. *Le Monde Afrique*. 2012. Disponible sur : «https://www.lemonde.fr/afrique/article/2012/10/26/amnesty-international-denonce-tortures-et-detentions-arbitraires-en-cote-d-ivoire_1781961_3212.html». [Consulté le 07 mai 2023]

POLITIQUE. «Armée ivoirienne : des ex-rebelles nommés chefs adjoints de bataillons» abidjan.net. 2012. Disponible sur : «https://news.abidjan.net/articles/444441/index». [Consulté le 7 mai 2023]

SALVADOR, Xavier- Laurent. «De la fracture à la distanciation sociale». Le Monde Moderne. 2019. Disponible sur : «https://www.lemondemoderne.media/de-la-fracture-a-la-distanciation-sociale/». [Consulté le 10 mai 2023]

KAUTCHA, Donatien. «Côte d'Ivoire : Après 24 heures de détention à Accra, Damana Pickass enfin libéré». KOACI. 2019. Disponible sur : «https://www.koaci.com/article/2019/03/26/cote-divoire/politique/cote-divoire-apres-24-heures-de-detention-a-accra-damana-pickass-enfin-libere_129218.html.» [Consulté le 12 mai 2023]

MENSA. «Togo-Côte d'Ivoire : situation pour le restant des réfugiés ivoiriens du camp d'Avépozo». KOACHI. 2022. Disponible sur : «https://www.koaci.com/article/2022/10/18/togo/societe/togo-cote-divoire-situation-pour-le-restant-des-refugies-ivoiriens-du-camp-davepozo_164013.html». [Consulté le 11 mai 2023]

SAHI, Eugène. «Damana Adia Pickass convoqué pour la 3e fois devant un juge de la cellule spéciale d'enquête». Dernières informations.2023. Disponible sur : «https://www.7info.ci/damana-adia-pickass-convoque-pour-la-3e-fois-devant-un-juge-de-la-cellule-speciale-denquete/». [Consulté le 12 mai 2023]

TRENCHARD, Tommy. «Les réfugiés ivoiriens prennent racine au Libéria». Relief Web, 2013. 24/7. Disponible sur : «https://reliefweb.int/report/liberia/les-r%C3%A9fugi%C3%A9s-ivoiriens-prennent-racine-au-lib%C3%A9ria». [Consulté le 24 mai 2023]

PIOERRON, Marie-Ange. «La Côte d'Ivoire : plus dure sera la réconciliation». Made for minds. 2011. Disponible sur : «https://www.dw.com/fr/c%C3%B4te-divoire-plus-dure-sera-la-r%C3%A9conciliation/a-6516173». [Consulté le 23 juin 2023]

DESORGUES, Pierre. «Côte d'Ivoire : en exil forcé, Guillaume Soro reçoit le soutien de l'opposition ». TV Monde info, 2019. Disponible sur «https://information.tv5monde.com/afrique/cote-divoire-en-exil-force-guillaume-soro-recoit-le-soutien-de-lopposition-32521». [Consulté le 24 juin 2023]

CHRESUS, Jean. «Côte d'Ivoire : Guillaume Soro et ses proches jugés au criminel, Affoussiata Bamba y voit un «règlement de compte politique» Koaci. 21 mai 2021. Disponible sur «https://www.koaci.com/index.php/article/2021/05/21/cote-divoire/politique/cote-divoire-soro-et-ses-proches-juges-au-criminel-affoussiata-bamba-y-voit-un-reglement-de-compte-politique_151157.html». [Consulté le 24 juin 2023]

ROGER, Benjamin. DUHEM, Vincent. «Côte d'Ivoire : l'exil très politique de Noël Akossi Bendjo (1/4)». Jeune Afrique. Politique. 30 juin 2020. Disponible sur «https://www.jeuneafrique.com/1006580/politique/cote-divoire-lexil-tres-politique-de-noel-akossi-bendjo-1-4/». [Consulté le 24 juin 2023]

R, K. «Depuis la MACA, Peter 007 demande la clémence du président de la république (Courrier)». Abidjan.net. Société.27 février 2023. Disponible sur «https://news.abidjan.net/articles/718302/justice-depuis-la-maca-peter-007-demande-la-clemence-du-president-de-la-republique-courrier». [Consulté le 24 juin 2023]

TOURE, Amy. «Côte d'Ivoire : Arrestation de Fofana, l'aide de camp de Soro était pisté depuis l'Europe». Koaci. 9 mai 2022. Disponible sur «https://www.koaci.com/article/2022/05/09/cote-divoire/politique/cote-divoire-arrestation-de-fofana-laide-de-camp-de-soro-etait-piste-depuis-leurope_159792.html». [Consulté le 24 juin 2023]

MIEU, Baudelaire. «Côte d'Ivoire - Yodé et Siro : c'est dans ADN de critiquer le pouvoir». Jeune Afrique. 2021/1. Disponible sur : «https://www.jeuneafrique.com/1107459/politique/cote-divoire-yode-et-siro-cest-dans-notre-adn-de-critiquer-le-pouvoir/». [Consulté le 05 juillet 2023]

RITTER, Joachim. « Le droit naturel chez Aristote : Contribution au renouveau du droit naturel ». Archives de Philosophie, 1969, Vol 32. n°3, Juillet-Septembre, pp. 416-457. Disponible sur «https://www.jstor.org/stable/43037288». [Consulté le 24 octobre 2023]

GODINOT, Xavier. «Dignité, travail et grande pauvreté». OpenEdition Books. p. 157-184. Disponible sur : «https://books.openedition.org/pusl/22788?lang=fr ». [Consulté le 31 octobre 2023]

ECONOMIE. «Le travail au noir les secteurs concernés». Ladépêche. 2013. Disponible sur : «https://www.ladepeche.fr/article/2013/12/09/1771087-travail-au-noir-les-secteurs-concernes.html». [Consulté le 31 octobre 2023]

MONNERAT, Ludovic. «Les Etats-Unis accusés de massacre de réfugiés durant la guerre de Corée». Ap et AFP. 1999. Disponible sur : «http://www.checkpoint-online.ch/CheckPoint/Histoire/His0002-MassacresUSCoree.html». [Consulté le 17 novembre 2023]

KING, Jessica. «Les Etats-Unis tentent de nettoyer l'agent orange au Viêt-Nam». CNN. 2012. Disponible sur : «https://edition.cnn.com/2012/08/10/world/asia/vietnam-us-agent-orange/». [Consulté le 17 novembre 2023]

HUMAN RIGTHS. «La République fédérale de Yougoslavie. Abus contre les Serbes et les Roms au nouveau Kosovo». Archives Wikiwix.1999 /11 n° 10 (D). Disponible sur : «https://archive.wikiwix.com/cache/index2.php?url=https%3A%2F%2Fwww.hrw.org%2Freports%2F1999%2Fkosov2%2F#federation=archive.wikiwix.com&tab=url». [Consulté le 17 novembre 2023]

THE NEW YORK TIMES. «Dossier Guantanamo» Archives Wikiwix.2021. Disponible sur : «https://archive.wikiwix.com/cache/index2.php?url=http%3A%2F%2Fprojects.nytimes.com%2Fguantanamo#federation=archive.wikiwix.com&tab=url». [Consulté le 17 novembre 2023]

DEVEAUX, Jacques. «La Côte d'Ivoire ne reconnaît plus la compétence de la Cour africaine des droits de l'homme». FranceInfo. 2020. Disponible sur : «https://www.francetvinfo.fr/monde/afrique/cote-d-ivoire/la-cote-d-ivoire-ne-reconnait-plus-la-competence-de-la-cour-africaine-des-droits-de-l-homme_3941733.html». [Consulté le 29 novembre 2023]

TELLENNE, Cédric. «L'OTAN est en état de mort cérébrale». Cairn.info. 2023/ p. 211-221. Disponible sur : «https://www.cairn.info/idees-recues-sur-la-geopolitique-et-la-geoeconomie--9791031806136-page-211.htm». [Consulté le 29 novembre 2023]

LEMONNIER, Luc. CANTTIE, Valérie. «Les six organisations et accords internationaux que Donal Trump a reniés en moins d'un an». 2017. Disponible sur : «https://www.radiofrance.fr/franceinter/les-six-organisations-et-accords-internationaux-que-trump-a-renies-en-moins-d-un-an-2810317». [Consulté le 29 novembre 2023]

KUBACKI, Marie-Lucile. ¨Comme des frères qui s'aiment¨ : L'appel du pape et du grand imam d'Al- Azhar [en ligne]. La vie. 2019. Disponible sur : «https://www.lavie.fr/actualite/societe/comme-des-freres-qui-saiment-lappel-du-pape-et-du-grand-imam-dal-azhar-5869.php». [Consulté le 5 décembre 2023]

SAMBUC, Cléa. COZ, Pierre. «La dignité humaine kantienne : une justification théorique des transplantations d'organes ? Dans Raison publique». Cairn.info. 2012/2, n° 17, p. 219-238. Disponible sur : «https://www.cairn.info/revue-raison-publique1-2012-2-page-219.htm». [Consulté le 11 décembre 2023]

RICOEUR, Paul. «Le concept de responsabilité. Essai d'analyse sémantique». Esprit. 1994/ 11, n°206, pp. 28-48. Disponible sur : «https://www.jstor.org/stable/24276317». [Consulté le 12 janvier 2024]

MRAFFKO, Clothilde. «Dans les abris saturés de l'ONU à Gaza, les déplacés manquent de tout». Le Monde. 2023. Disponible sur : «https://www.lemonde.fr/international/article/2023/11/11/dans-les-abris-satures-de-l-unrwa-a-gaza-les-deplaces-manquent-de-tout_6199493_3210.html». [Consulté le 12 janvier 2024]

BRO, J. AFP. «Guerre Israël- Hamas : Les Etats-Unis réaffirment le ¨droit¨ et ¨l'obligation¨ d'Israël de ¨se défendre¨. BFMTV. 2023. Disponible sur : «https://www.bfmtv.com/international/amerique-nord/etats-unis/guerre-israel-hamas-les-etats-unis-reaffirment-le-droit-et-l-obligation-d-israel-de-se-defendre_AD-202311030546.html ». [Consulté le 12 janvier 2024]

PAYETTE, Lise. «Une crise d'hommerie». Ledevoir. 2010. Disponible sur : «https://www.ledevoir.com/opinion/chroniques/295033/une-crise-d-hommerie». [Consulté le 13 janvier 2024]

Site web

NATIONS UNIES. Pacte international relatif aux droits économiques, sociaux et culturels [en ligne]. 2023. Disponible sur : «https://www.ohchr.org/fr/instruments-mechanisms/instruments/international-covenant-economic-social-and-cultural-rights». [Consulté le 28 mars 2023]

RADIO FRANCE. Guerres, violence, persécutions… En 2020, seulement ¨250 000 réfugiés ont pu rentrer chez eux, ¨ regrette l'ONU [en ligne]. 2021. Disponible sur : «https://www.francetvinfo.fr/monde/europe/migrants/guerres-violences-persecutions-en-2020-seulement-250000refugies-ont-pu-rentrer-chez-eux-regrette-l-onu_4668559.html». [Consulté le 29 mars 2023]

DAMIEN Christophe Dubois. La notion de l'Etat à l'ère du numérique [en ligne]. 2019. Disponible sur : «https://www.iesf.fr/offres/doc_inline_src/752/La-notion-detat-a-lere-du-numerique.pdf». [Consulté le 29 mars 2023]

AMNESTY INTERNATIONAL. Ces personnes qui fuient les conflits et persécutions [en ligne]. 2017. Disponible sur : «https://www.amnesty.be/campagne/asile/prejuges/toutescesquestions». [Consulté le 29 mars 2023]

ONU MIGRATION. Termes clés de la migration [en ligne]. 2023. Disponible sur : «https://www.iom.int/fr/termes-cles-de-la-migration ». [Consulte le 30 mars 2023]
Nations Unies. Déclaration universelle des droits de l'homme du 10 décembre 1948. Article 13. §.1 et 2 [en ligne]. Disponible sur : «https://www.un.org/fr/universal-declaration-human-rights/». [Consulté le 30 mars 2023]

UNHCR. «Déracinés dans leur propre pays» : aperçu statistique sur le déplacement interne [en ligne]. 2021. Disponible sur : «https://www.unhcr.org/fr/news/stories/2021/3/60630e23a/deracines-propre-pays-apercu-statistique-deplacement-interne.html». [Consulté le 31 mars 2023]

AMNESTY INTERNATIONAL. Personnes réfugiées, demandeuses d'asiles et migrantes [en ligne]. 2023. Disponible sur : «https://www.amnesty.org/fr/what-we-do/refugees-asylum-seekers-and-migrants/». [Consulté le 31 mars 2023]

NATIONS UNIES. HCDH et les institutions nationales des droits de l'homme [en ligne]. Disponible sur : «https://www.ohchr.org/fr/countries/nhri#:~:text=Notre%20action-,Le%20Haut%2DCommissariat%20des%20Nations%20Unies%20aux%20droits%20de%20l,les%20droits%20de%20l'homme ». [Consulté le 01 avril 2023]

UNHCR. La Convention de 1951 relative au statut des réfugiés [en ligne]. 2023. Disponible sur : «https://www.unhcr.org/fr/convention-1951-relative-statut-refugies.html#:~:text=La%20Convention%20de%201951%20relative%20au%20statut%20des%20r%C3%A9fugi%C3%A9s%2C%20un,%C3%89tats%20pour%20assurer%20leur%20protection». [Consulté le 02 avril 2023]

COUR NATIONALE DU DROIT D'ASILE. Compétence de la CNDA [en ligne]. Disponible sur : «http://www.cnda.fr/La-CNDA/Competences-de-la-CNDA#:~:text=La%20Cour%20nationale%20du%20droit,r%C3%A9fugi%C3%A9s%20et%20apatrides%20(OFPRA)». [Consulté le 01 avril 2023]

CONVENTION ET PROTOCOLE RELATIFS AU STATUT DES REFUGIES. Article 25. Aide administrative §. 2 et 3 [en ligne]. 2022. Disponible sur : «https://www.unhcr.org/fr/about-us/background/4b14f4a62/convention-protocole-relatifs-statut-refugies.html». [Consulté le 3 avril 2023]

DEMOCRATIE ET DROIT DE L'HOMME DANS L4UNION EUROPEENNE. Garantir le droit d'asile [en ligne]. Disponible sur : « https://www.europarl.europa.eu/about-parliament/fr/democracy-and-human-rights/fundamental-rights-in-the-eu/guaranteeing-the-right-to-asylum#:~:text=Octroyer%20l'asile%20aux%20personnes,membres%20de%20l'Union%20europ%C3%A9enne ».[Consulté le 3 avril 2023]

PIGUET Martine. Découverte : question réponse [en ligne]. 2008. Disponible sur : «https://www.rts.ch/decouverte/monde-et-societe/histoire/4644356-quelles-sont-les-4-grandes-periodes-de-lhistoire-quand-commencent-et-se-terminentelles-et-avec-quoi.html#:~:text=Les%204%20grandes%20p%C3%A9riodes%20de%20l'histoire%20sont%3A%20l',moderne%2C%20l'%C3%A9poque%20contemporaine». [Consulté le 03 avril 2023]

UNHCR. Convention et Protocole relative au statut des réfugiés, Préambule. §. 5 [en ligne]. 2022. [Consulté le 04 avril 2023]

PERRUCHOUD Richard (réd). Droit international de la migration n° 9. Glossaire de la migration[en ligne]. 2007. Disponible sur : «https://publications.iom.int/system/files/pdf/iml_9_fr.pdf.» [Consulté le 04 avril 2023]

DIALOGUE INTERNATIONAL SUR LA MIGRATION. Renforcer la coopération internationale en matière migratoire et la gouvernance des migrations en vue de l'adoption d'un pacte mondial pour des migrations sures, ordonnées et régulières en 2018 [en ligne]. 2017. Disponible sur : https://refugeesmigrants.un.org/sites/default/files/iom_idm_2017_french_14nov2017.pdf. [Consulté le 05 avril 2023]

UNHCR. Détermination du statut de réfugié [en ligne].2022. Disponible sur : « https://www.unhcr.org/fr/determination-du-statut-de-refugie.html#:~:text=Orientations%20du%20HCR%20%C3%A0%20l'intention%20des%20pays&text=Ces%20documents%20offrent%20une%20interpr%C3%A9tation,conditions%20sociales%2C%20%C3%A9conomiques%20et%20humanitaires.» [Consulté le 05 avril 2023]

KRAMPE Kirsten. L'accord de la Grande-Bretagne avec le Rwanda sur les réfugié·e·s : « un précédent désastreux » [en ligne].2022. Disponible sur : «https://sn.boell.org/fr/2022/09/19/laccord-de-la-grande-bretagne-avec-le-rwanda-sur-les-refugiees-un-precedent-desastreux.» [Consulté le 06 avril 2023]

AMNESTY INTERNATIONAL. «États-Unis. Vous n'avez aucun droit ici.» Renvois forcés illégaux, détention arbitraire et mauvais traitements infligés aux demandeurs d'asile aux États-Unis» [en ligne].2023. Disponible sur : «https://www.amnesty.org/fr/latest/press-release/2018/10/usa-treatment-of-asylum-seekers-southern-border/.» [Consulté le 07 avril 2023]

REPUBLIQUE FRANÇAISE. Décret n°2010-1444 du 25 novembre 2010 relatif aux attributions du ministère de l'intérieur, de l'outre-mer, des collectivités territoriales et de l'immigration [en ligne].2012. Disponible sur : «https://www.legifrance.gouv.fr/loda/id/JORFTEXT000023137326.» [Consulté le 07 avril 2023]

REPUBLIQUE FRANÇAISE. Histoire de l'asile et de l'Ofpra [en ligne]. Disponible sur : «https://www.ofpra.gouv.fr/frise-chronologique/1950.» [Consulté le 08 avril 2023]

L'OFPRA. La mission étude et statistique [en ligne]. Disponible sur : «https://archive.wikiwix.com/cache/index2.php?url=https%3A%2F%2Fwww.ofpra.gouv.fr%2Ffr%2Fl-ofpra%2Fl-ofpra-en-chiffres%2Fla-mission-etudes-et-statistiques#federation=archive.wikiwix.com&tab=url.» [Consulté le 08 avril 2023]

REPUBLIQUE FRANÇAISE. Immigration : les chiffres pour l'année 2020 [en ligne]. Disponible sur : «https://archive.wikiwix.com/cache/index2.php?url=https%3A%2F%2Fwww.vie-publique.fr%2Fen-bref%2F278205-immigration-les-chiffres-pour-lannee-2020#federation=archive.wikiwix.com&tab=url.» [Consulté le 08 avril 2023]

ENGLEBERT THEO. Réfugiés rwandais : le dévoilement du droit d'asile [en ligne]. 2020. Disponible sur : «https://archive.wikiwix.com/cache/index2.php?url=https%3A%2F%2Fwww.mediapart.fr%2Fjournal%2Finternational%2F220820%2Frefugies-rwandais-le-devoiement-du-droit-d-asile#federation=archive.wikiwix.com&tab=url.» [Consulté le 08 avril 2023]

ABEBE Tsion Tadesse, ABEBE Allehone et SHARPE Marina. Un demi-siècle plus tard, la politique africaine envers les réfugiés toujours à la pointe [en ligne]. 2019. Disponible sur: «https://issafrica.org/fr/iss-today/un-demi-siecle-plus-tard-la-politique-africaine-envers-les-refugies-toujours-a-la-pointe.» [Consulté le 11 avril 2023]

CENTRE D'ETUDES STRATEGIQUES DE L'AFRIQUE. 36 millions d'africains déplacés de force un chiffre record [en ligne] .2022. Disponible sur : «https://africacenter.org/fr/spotlight/36-millions-dafricains-deplaces-de-force-un-chiffre-record/.» [Consulté le 11 avril 2023]

WAGNER Kendra Van. Identity crisis – Theory and research [en ligne]. 2006. Disponible sur : «https://archive.wikiwix.com/cache/index2.php?url=http%3A%2F%2Fpsychology.about.com%2Fod%2Ftheoriesofpersonality%2Fa%2Fidentitycrisis.htm#federation=archive.wikiwix.com&tab=url.» [Consulté le 12 avril 2023]

CHALLENGES. «Macron : ¨Nos valeurs ne s'achètent pas à coup de gaz et du pétrole¨» [en ligne]. 2022. Disponible sur : «https://www.challenges.fr/politique/macron-nos-valeurs-ne-s-achetent-pas-a-coup-de-gaz-et-de-petrole_831262.» [Consulté le 14 avril 2023]

FEERTCHAK Alexis. L'offre politique d'Emmanuel Macron au défi des classes populaires [en ligne]. 2017. Disponible sur : «https://archive.wikiwix.com/cache/index2.php?url=http%3A%2F%2Fwww.lefigaro.fr%2Fvox%2Fpolitique%2F2017%2F01%2F06%2F31001-20170106ARTFIG00188-l-offre-politique-d-emmanuel-macron-au-defi-des-classes-populaires.php#federation=archive.wikiwix.com&tab=url.» [Consulté le 14 avril 2023]

THE GUARDIAN. Israël-Emeute raciste contre des migrants africains à Tel-Aviv [en ligne]. 2012. Disponible sur : «https://www.slateafrique.com/87819/israel-migrants-africains-attaques-tel-aviv.» [Consulté le 14 avril 2023]

LA COTE D'IVOIRE DE 2002 A 2007. Géoconfluences [en ligne]. 2013. Disponible sur : «http://geoconfluences.ens-lyon.fr/doc/etpays/Afsubsah/popup/BouquetChrono.htm.» [Consulté le 22 avril 2023]

COTE D'IVOIRE PARTAGEE : en rouge les territoires contrôlés par les rebelles, en mai 2005. In Wikipédia. L'encyclopédie libre [en ligne].2005. Disponible sur : «https://fr.wikipedia.org/wiki/Crise_politico-militaire_en_C%C3%B4te_d%27Ivoire#/media/Fichier:Cote_d'Ivoire_guerre_civile_mai_2005.png.» [Consulté le 22 avril 2023]

CESSOU Sabine. Pourquoi la guerre reprend en Côte d'Ivoire [en ligne]. 2012. Disponible sur : «https://www.slateafrique.com/93037/pourquoi-la-guerre-reprend-en-cote-divoire-ouattara-gbagbo.» [Consulté le 22 avril 2023]

MOUVEMENT IVOIRIEN DES DROITS D L'HOMME (MIDH). Côte d'Ivoire : «La lutte contre l'impunité à la croisée des chemins» [en ligne]. 2013. Disponible sur : «https://www.fidh.org/IMG/pdf/cotedivoirefr2013.pdf.» [Consulté le 24 avril 2023]

PROCES. Cour pénal internationale (audience publique) 02.11-01.15 [en ligne]. Disponible sur : «https://www.icc-cpi.int/sites/default/files/Transcripts/CR2016_01995.PDF.» [Consulté le 24 avril 2023]

HUMAN RIGHTS WATCH. «Ils les ont tués comme si de rien n'était». Le besoin de justice pour les crimespost-électoraux en Côte d'Ivoire [en ligne]. 2011. Disponible sur : «https://www.hrw.org/fr/report/2011/10/05/ils-les-ont-tues-comme-si-de-rien-netait/le-besoin-de-justice-pour-les-crimes-post.» [Consulté le 24 avril 2023]

ALAIN Toussaint. Côte d'Ivoire : «la chasse aux sorcières» se poursuit [en ligne]. 2011. Disponible sur : «https://unevingtaine.blogspot.com/2011/05/cote-divoire-la-chasse-aux-sorcieres-se.html.» [Consulté le 24 avril 2023]

AMNESTY INTERNATIONAL. Côte d'Ivoire. Représailles et répressions sous prétexte de maintien de la sécurité [en ligne]. 2013. Disponible sur : «https://www.amnesty.be/infos/actualites/article/cote-ivoire-represailles-repression-pretexte-maintien-securite.» [Consulté le 28 avril 2023]

AMNESTY INTERNATIONAL. Côte d'Ivoire. La police permet à des hommes armés de machettes d'attaquer des protestataires [en ligne]. 2020. Disponible sur : «https://www.amnesty.be/infos/actualites/article/cote-ivoire-police-hommes-armes-machettes-attaquer.» [Consulté le 28 avril 2023]

NATIONS UNIES. Charte des Nations Unies [en ligne]. Disponible sur : «https://www.un.org/fr/about-us/un-charter/full-text.» [Consulté le 29 avril 2023]

APDH. Rapport alternatif de L'APDH [En ligne]. 2019. Disponible sur : «Rfile:///C:/Users/Charlemagne%20Cl%C3%A9tus/Downloads/APDHCI_UPR33_CIV_F_CoverPage.pdf.» [Consulté le 30 avril 2023]

ONG-APDH. Côte d'Ivoire. Une justice transitionnelle piégée [en ligne] ? 2015. Disponible sur : «https://www.apdhci.org/images/documents_pdf/rapports/rapport%20justice%20transitionnelle%20definitif%20.pdf.» [Consulté le 30 avril 2023]

AMNESTY INTERNATIONAL. Côte d'Ivoire : représailles et répression s'exercent au nom de la sécurité [en ligne]. 2013. Disponible sur : «https://archive.wikiwix.com/cache/index2.php?url=http%3A%2F%2Fwww.amnesty.fr%2FAI-en-action%2FViolences%2FJustice-internationale%2FActualites%2FLa-Cote-d-Ivoire-doit-briser-le-cycle-des-abus-et-de-l-impunite-7936#federation=archive.wikiwix.com&tab=url.» [Consulté le 7 mai 2023]

LA DECLARATION ET LE PROGRAMME D'ACTION DE VIENNE §. 25. Disponible sur : «https://www.ohchr.org/sites/default/files/documents/events/ohchr20/vdpa_booklet_fr.pdf.» [Consulte le 7 mai 2023]

NOUALHAT LAURE. L'Afrique confrontée au boom de sa population [en ligne]. 2022. Disponible sur : «https://reporterre.net/L-Afrique-confrontee-au-boom-de-sa-population.» [Consulté le 13 mai 2023]

NATIONS UNIES. La Déclaration universelle des droits de l'homme. Article 13 § 2 [en ligne]. Disponible sur «https://www.un.org/fr/universal-declaration-human-rights/.» [Consulté le 24 juin 2023]

COTE D'IVOIRE. Constitution de la troisième République, 8 novembre 2016. Article 21 et 22 [en ligne]. Disponible sur «https://mjp.univ-perp.fr/constit/ci2016.htm.» [Consulté le 24 juin 2023]

QU'EST-CE QU'UN PROCES PAR CONTUMACE. Article 354 de la loi n° 2018-975 du 27 décembre 2018 portant code de procédure pénale. Disponible sur «https://loidici.biz/2023/04/18/01-quest-ce-quun-proces-par-contumace/application-loidici/domaine-penal/code-de-procedure-penale/39709/naty/.» [Consulté le 04juillet 2023]

ELYSEE. La Déclaration des droits de l'homme et du citoyen [en ligne]. 2022. Disponible sur «https://www.elysee.fr/la-presidence/la-declaration-des-droits-de-l-homme-et-du-citoyen#:~:text=Article%206.&text=Tous%20les%20citoyens%2C%20%C3%A9tant%20%C3%A9gaux,vertus%20et%20de%20leurs%20talents.» [Consulté le 28 octobre 2023]

NATIONS UNIES. La Déclaration universelle des droits de l'homme [en ligne]. Disponible sur «https://www.un.org/fr/universal-declaration-human-rights/.» [Consulté le 28 octobre 2023]

ORGANISATION DE L'UNITE AFRICAINE. Charte africaine de droits de l'homme et des peuples [en ligne]. 1981. Disponible sur «https://au.int/sites/default/files/treaties/36390-treaty-0011_-_african_charter_on_human_and_peoples_rights_f.pdf.» [Consulté le 29 octobre 2023]

UNESCO. A l'horizon/ Un réservoir intarissable : la diversité culturelle au service de l'avenir que nous voulons [en ligne]. Disponible sur «https://www.unesco.org/fr/articles/lhorizon-un-reservoir-intarissable-la-diversite-culturelle-au-service-de-lavenir-que-nous-voulons.» [Consulté le 29 octobre 2023]

DOCTRINE SOCIALE DE L'EGLISE CATHOLIQUE. Gaudium et Spes. §. 27 [en ligne]. 1965. Disponible sur : «https://www.doctrine-sociale-catholique.fr/les-textes-officiels/202-gaudium-et-spes#p27.» [Consulté le 30 octobre 2023]

STANSALL BEN. Barack Obama déplore la trop grande attention portée au sous-marin disparu face aux 700 migrants naufragés en Grèce [en ligne]. CNews. 23 juin 2023. Disponible sur : «https://www.cnews.fr/monde/2023-06-23/video-barack-obama-deplore-la-trop-grande-attention-portee-au-sous-marin-disparu.» [Consulté le 30 octobre 203]

CONSEIL DE L'EUROPE. Manuel pour la pratique de l'éducation aux droits de l'homme avec les jeunes. Les droits de l'homme c'est quoi [en ligne]? 2023. Disponible sur : «https://www.coe.int/fr/web/compass/what-are-human-rights-.» [Consulté le 31 octobre 2023]

HUMAN RIGHTS WATCH. C'est comme vivre en enfer. Abus policiers à Calais contre les migrants, enfants et adultes [en ligne]. 2017. Disponible sur : «https://www.hrw.org/fr/report/2017/07/27/cest-comme-vivre-en-enfer/abus-policiers-calais-contre-les-migrants-enfants-et.»[Consulté le 1 novembre 2023]

AFP. La reconstruction de l'Ukraine aura un coût astronomique : 750 milliards de dollars [en ligne]. 2022. Disponible sur : «La reconstruction de l'Ukraine aura un coût astronomique : 750 milliards de dollars (latribune.fr).» [Consulté le 07 novembre 2023]

CIRC. Les Convenions de Genève de 1949 et leur Protocoles additionnels. Article 3 [en ligne]. 2010. Disponible sur : «Les Conventions de Genève de 1949 et leur Protocoles additionnels - CICR (icrc.org).» [Consulté le 11 novembre 2023]

CICR. Droit international humanitaire et droits de l'homme [en ligne]. 2010. Disponible sur : «https://www.icrc.org/fr/document/dih-droits-homme#:~:text=Le%20droit%20humanitaire%20s'applique,appliquent%20dans%20le s%20conflits%20arm%C3%A9s.» [Consulté le 14 novembre 2023]

NATIONS UNIES. Paix, dignité et égalité sur une planète saine. Article 2. §. 4 [en ligne]. Disponible sur : «https://www.un.org/fr/about-us/un-charter/chapter-1.» [Consulté le 15 novembre 2023]

ARCHIVES WIKIWIX. Célébration du 50ème anniversaire du musée Sinchon [en ligne].2008. Disponible sur : «https://archive.wikiwix.com/cache/index2.php?url=http%3A%2F%2Fwww.kcna.us%2F2008%2F03%2F28%2Fnews-08%2F#federation=archive.wikiwix.com&tab=url». [Consulté le 17 novembre 2023]

RADIOFRANCE. Homme contaminé nature polluée (1/4) : « Guerre et crime de guerre au Viêt-Nam» Documentaire francophone [en ligne].2012. Disponible sur : «https://www.radiofrance.fr/franceculture/podcasts/sur-les-docks/hommes-contamines-nature-polluee-1-4-guerre-et-crimes-de-guerre-au-viet-nam-documentaire-francophone-4370140 ». [Consulté le 17 novembre 2023]

WASHINGTONPOST.COM. L'agent orange hante toujours le Viêt-Nam et les Etats-Unis [en ligne]. 2007. Disponible sur : «https://web.archive.org/web/20170330083914/http://www.washingtonpost.com/wp-dyn/content/article/2007/06/14/AR2007061401077_4.html ».[Consulté le 17 novembre 2023]

LE MONDE. Massacre du village de My Lai : les excuses du Lieutenant Calley [en ligne]. 2009. Disponible sur : «https://www.lemonde.fr/ameriques/article/2009/08/22/massacre-du-village-de-my-lai-les-excuses-du-lieutenant-calley_1230902_3222.html». [Consulté le 17 novembre 2023]

LIGUE DES DROITS DE L'HOMME. John Kennedy/ Discours ONU. Le 25 septembre 1961 [en ligne]. 2022. Disponible sur : «https://site.ldh-france.org/bourg-en-bresse/lhumanite-devra-mettre-un-terme-a-la-guerre-ou-la-guerre-mettra-un-terme-a-lhumanite-john-kennedy-discours-onu-le-25-septembre-1961/». [Consulté le 18 novembre 2023]

PROTOCOLE PORTANT STATUT DE LA COUR AFRICAINE DE JUSTICE ET DES DROITS DE L'HOMME. Art. 28c [en ligne]. Disponible sur : «https://www.peaceau.org/uploads/protocol-on-the-merged-court-fr.pdf». [Consulté le 29 novembre 2023]

NATIONS UNIES. La Charte des Nations Unies [en ligne]. Disponible sur : «https://www.un.org/fr/about-us/un-charter». [Consulté le 4 décembre 2023]

Pape François. Lettre encyclique *Fratelli tutui*, §. 5 [en ligne]. Disponible en PDF sur : «https://www.vatican.va/content/francesco/fr/encyclicals/documents/papa-francesco_20201003_enciclica-fratelli-tutti.html». [Consulté le 5 décembre 2023]

Fédération Internationale des Droits de l'Homme (FIDH). 11 ans après la crise post-éléctorale en Côte d'Ivoire : des victimes oubliées, une justice sacrifiée [en ligne]. 2022. Disponible sur : «https://www.fidh.org/fr/regions/afrique/cote-d-ivoire/cote-ivoire-victimes-justice-crimes-guerre». [Consulté le 15 janvier 2024]

LE MONDE AVEC AFP. L'ONU a recensé 110 millions de réfugiés et de déplacés dans le monde [en ligne]. 2023. Disponible sur «https://www.lemonde.fr/international/article/2023/06/14/l-onu-a-recense-110-millions-de-deplaces-dans-le-monde_6177534_3210.html#:~:text=Immigration%20et%20diversit%C3%A9-,L'ONU%20a%20recens%C3%A9%20110%20millions%20de%20r%C3%A9fugi%C3%A9s%20et%20de,r%C3%A9fugi%C3%A9s%20dans%20son%20rapport%20annuel». [Consulté le 08 juin 2023]

NATIONS UNIES. La Déclaration universelle des droits de l'homme. Article 3 [en ligne]. Disponible sur : «https://www.un.org/fr/universal-declaration-human-rights/ ». [Consulté le 15 février 2024]

KISA. 10.06.2014- Lettre des réfugiés reconnus au Représentant du HCR pour l'Europe du Sud [en ligne]. 2014. Disponible sur : «https://kisa.org.cy/10-06-2014-letter-of-recognized-refugees-to-unhcr-representative-for-southern-europe/». [Consulté le 16 février 2024]

Page web

VALLUY Jérôme, « Segment- Les trois fonctions économiques de l'Etat selon Richard Musgrave», dans Transformation des Etats démocratiques industrialisés TEDI [en ligne]. 2023. Disponible sur : «http://www.hnp.terra-hn-editions.org/TEDI/article130.html ». [Page consulté le 29 mars 2023]

PROTECTION DES REFUGIES : Guide sur le droit international relatif aux réfugiés [en ligne]. 2001. Disponible sur : «https://archive.wikiwix.com/cache/index2.php?url=http%3A%2F%2Farchive.ipu.org%2Fpdf%2Fpublications%2Frefugee_fr.pdf.» [Page consulté le 10 avril 2023]

CONVENTION DE L'UNION AFRICAINE SUR LA PROTECTION ET L'ASSISTANCE AUX PERSONNES DEPLACEES EN AFRIQUE (CONVENTION DE KAMPALA) [en ligne]. 2009. Disponible sur : «https://au.int/sites/default/files/treaties/36846-treaty-0039_-_kampala_convention_african_union_convention_for_the_protection_and_assistance_of_internally_displaced_persons_in_africa_f.pdf.» [Page consulté le 10 avril 2023]

BARRIERE DE SEPARATION. In WIKIPEDIA. L'encyclopédie libre [en ligne].2023. Disponible sur : «fr.wikipedia.org/wiki/Barrière_de_séparation». [Page consulté le 15 avril 2023]

NATIONS UNIES. La Déclaration universelle des droits de l'homme. Article 2 §. 1 et 2 [en ligne]. Disponible sur : «https://www.un.org/fr/universal-declaration-human-rights/.» [Page consulté le 06 mai 2023]

EDITIONS JURIAFRICA. Code Pénal (Côte d'Ivoire) [en ligne]. Disponible sur : «https://www.juriafrica.com/lex/art-133-code-penal-cote-ivoire-39403.htm#:~:text=Le%20sursis%20%C3%A0%20l'ex%C3%A9cution,les%20frais%20et%20condamnations%20civiles.» [Page consulté le 04 juillet 2023]

UNHCR. Organisations non gouvernementales [en ligne]. Disponible sur «https://www.unhcr.org/fr/organisations-non-gouvernementales ». [Consulté le 12 janvier 2024]

COMITE INTERNATIONAL DE LA CROIX ROUGE (CICR). Qu'est-ce que le droit international humanitaire [en ligne]. Disponible sur : «https://www.icrc.org/en/document/what-international-humanitarian-law». [Consulté le 14 janvier 2024]

Ficher en ligne

PROTOCOLE SUR LA LIBRE CIRCULATION, LE DROIT DE RESIDENCE ET D'ETABLISSEMENT, ZONE CEDEAO. Article 1 et 2 [en ligne]. 1979. Disponible au format PDF sur : «https://www.ilo.org/dyn/natlex/docs/ELECTRONIC/39769/114931/F1913314371/ORG-39769.pdf.» [Consulté le 10 mai 2023]

L'INTERNATIONAL CENTRE FOR MIGRATION POLICY DEVELOPMENT ET L'ORGANISATION INTERNATIONALE POUR LES MIGRATIONS, 2015 (ICMPD). Enquête sur les politiques migratoires en Afrique de l'Ouest [en ligne]. 2008. Disponible au format PDF sur : «https://publications.iom.int/system/files/pdf/survey_west_africa_fr.pdf.» [Consulté le 11 mai 2023]

L'AGENCE DES NATION UNIES POUR LES REFUGIES. UNHCR. La Convention de 1951 relative au statut des réfugiés et son Protocole de 1967. Article 33. § 1 [en ligne]. 2023. Disponible au format PDF sur : «https://www.unhcr.org/fr/media/convention-et-protocole-relatifs-au-statut-des-refugies.» [Consulté le 11 mai 2023]

Table des matières

MIX
Papier aus verantwortungsvollen Quellen
Paper from responsible sources
FSC® C105338

Printed by Books on Demand GmbH, Norderstedt / Germany